1分間モチベーション

「仕事に行きたい!」会社にする3つのコツ

ケン・ブランチャード/シェルダン・ボウルズ

塩野未佳 訳

How To Motivate People in Any Organization

Gung Ho!

Ken Blanchard/Sheldon Bowles

〈目次〉

アンドリュー・チャールズ・ロングクロウ（一九四〇～一九九四年）に、
そして、
一九六五年九月に非業の死を遂げた
彼の愛妻ジーンと息子のロバートに、
本書を捧げます。

復刊に寄せて

『1分間マネジャー』（ダイヤモンド社）のヒットには今も驚いている。

大学で一〇年ほど教鞭を執っていた私は、教科書を何冊か書いたことはあったが、一般書の類は書いたことがなかった。共著者のスペンサー・ジョンソンとはカリフォルニア州サンディエゴで開かれた著述家の懇親会で知り合った。

スペンサーは児童書の人気作家であり、私と出会ったときは目標設定とフィードバックをテーマにした『ワン・ミニット・ペアレント（One Minute Parent）』という新作を執筆中だった。私も似たようなテーマで講義をしていたので、次の月曜日のゼミにスペンサーを招いた。

スペンサーは教室の隅に座り、にこやかに、ときに笑い声を立てて私の話を聴いていた。そして講義が終わると私のところに駆け寄ってきて、「新作の話は忘れてくれ。一緒に『1分間マネジャー』を書こうよ」と言った。

私は教授として、スペンサーは作家として、日々ストーリーを語っている。だったら、管理職向けの指南書を物語風に書いてみよう。その単純なアイデアが『1分間マネジャー』の人気につながったのだと思う。

『1分間マネジャー』の成功を受けて、私は仕事術をテーマにした楽しい読み物を書かせてもらうことになった。

続いて発表したのが『1分間リーダーシップ』（ダイヤモンド社）だ。ドリア・ジガーミとパット・ジガーミを共著者に迎え、『1分間マネジャー』のエピソードに交えてシチュエーショナル・リーダーシップ®Ⅱを紹介した（訳注　ケン・ブランチャード博士の研究調査に基づいて開発されたもので、世界三〇カ国で実証済みの状況対応型リーダー育成プログラム）。これは、私とポール・ハーシィが一九六〇年代に編み出したリーダー育成理論で、この本では部下や状況に合わせてリーダーシップを発揮する方法を指南した。

その後、縁あってシェルダン・ボウルズと親しくなった。シェルダンはカナダ西部に展開するガソリンスタンドチェーン、ドモ石油の共同創業者である。一九七〇年代、セルフスタンドが当たり前だった時代に、シェルダンはフルサービスを提供するガソリンスタンドをオープン。客はピットインしたカーレーサーさながらにサービスを受けることができる。スタンドに客の車が入って来ると、赤いつなぎを着た従業員が数人駆け寄って来る。そしてあっと言う間にエンジンルームを点検し、ウインドウを拭き、給油する。店舗によってはコーヒーや新聞を無料で提供し、車内の清掃までやるところもある。帰っていく客に手渡すチラシには、こんな文句が――〝ちなみにガソリンも売っています〟。ドモは大成功を収めた。

シェルダンは「君と一緒に本を書きたい」と言ってきた。彼は顧客の心をつかむ方法を知り尽くしている。そこで共同執筆したのが『1分間顧客サービス――熱狂的ファンをつくる3つの秘訣』（ダイヤモンド社）で、これは世界的なベストセラーになった。

その後、私とシェルダンは〝熱狂的ファンをつくる〟には社員のモチベーションを高めることが不可欠と思い至り、『1分間モチベーション』を発表。サクセスストーリーに絡めて社員のモチベーションを高める方法を紹介した。社員が自分の仕事と会社に惚れ込めば、その情熱が顧客にも伝わり、顧客も熱狂的ファンになるというわけだ。

そして、おそらく私の著書のなかでも最もユーモアに富んでいるのが『1分間マネジャーの時間管理』（パンローリング）だろう。というのも、私の知るかぎり、共著者のウィリアム・オンケンJrほどユーモアの分かる人物はいないからだ。

ウィリアムは名門プリンストン大学の出身で、人間観察の達人であり、講演会では〝サル〟にまつわるエピソードをたびたび披露していた。

サルとは何か。「問題が起きました」と言って部下が相談に来るとき、必ずついて来るアレだ。「そういうときは用心したほうがいい。サルは部下の肩から、こっちの肩に跳び移ろうとするからね」とウィリアムは言った。

サルは抹殺するか世話するかしかない。人のサルを預かれば、世話係を引き受けたことになる。その翌日、サルを預けたほうはあなたの顔を見て言うだろう。「昨日預けた例のサル（件）、どうなってます？」

こうしてあなたは人の仕事を代行することになるのだ。私はこの一節がすっかり気に入り、「サルのエピソードを膨らませて、面白くて分かりやすい本にしよう」とウィリアムに持ちかけた。ウィリアムのパートナーのハル・バローズにも声をかけ、三人で執筆した『1分間マネジャーの時間管理』はシリーズを代表するベストセラーになった。

このたび〝1分間〟シリーズが復刊されると聞いて大変うれしく思っている。全冊そろえれば、管理職向けの格好の参考書になる。とくに管理職一年生の皆さんには良い入門書になるだろう。マネジメントの基本は『1分間マネジャー』で学び、部下の強みを最大限に引き出すには『1分間リーダーシップ』を参考にするといい。そもそも、何のためのマネジメント術なのか。『1分間顧客サービス』のいう〝熱狂的な顧客《ファン》〟をつくるためだ。そのための唯一無二の方法が『1分間モチベーション』で紹介する〝ガンホー〟（訳注　中国語〔広東語〕の「工和」が語源。「力を合わせる」「任務を熱心に遂行する」「職務に献身的な」などという意味）、つまり力を合わせて頑張る部下たちを育てることなのだ。そして最後は、『1分間マネジャーの時間管理』で部下が自分のサルを自分の手で管理できるように導こう。

この五冊を読破すれば、管理職としての力量も、部下のモチベーションも、顧客の満足度も上がること請け合いだ。皆さんに気に入っていただけたら幸いである。単純だが説得力のある真理が、皆さんの、皆さんの部下の、皆さんの会社の役に立つことを願ってやまない。

カリフォルニア州サンディエゴにて　ケン・ブランチャード

まえがき

約束はいまや支払債務と同じ……

ロバート・W・サーヴィス
『サム・マッギーの伝言』

火曜日。私はアンディ・ロングクロウとある約束をしました。

私たちが自分たちの働く工場をどうやって閉鎖から救ったのか、当時の工場がいかに記録的な生産性を維持し、記録的な収益を上げることができたのか、どうすれば自分の部下全員のやる気を引き出し、その能力をフルに発揮させられるのか。そういったことを皆さんにお話しする、という約束です。

でも、まずはどうして私がこんな約束をしたのか、そしてどうしてこの本が書かれることになったのか、そのいきさつからお話しすることにしましょう。


すべては一九九四年六月七日、ウォルトン記念病院で始まりました。

アンディは入院していました。二人ともこれが最後の別れになることは分かっていましたが、私はアンディが逝ってしまうなんて考えたくはありませんでした。ですから、話すべきことを話しておこうとも思えず、うららかな春の日のこと、野球のこと、仕事のことをとりとめもなくしゃべっていたのです。

でも途中で話題も尽きてしまい、私は口をつぐんでしまいました。しばらく気まずい沈黙が続いたそのときです。私のなかで何かがこみ上げてきました。

「アンディ、大好きよ」

私は言葉を詰まらせながら言いました。

かさかさになった大きな手がゆっくりとシーツの上を動き、私の手を握り締めました。まだ、びっくりするほど力がこもっている……。

「分かってるよ。ぼくも大好きだよ。ずっと好きだった」

アンディが憔悴してしまったのは、気持ちが高ぶったからなのか、私と面会したからなのかは分かりません。彼は目を閉じました。

頭を枕にあずけてはいましたが、眠っていないことは分かりました。彼の手がまだ私の手をしっかりと握っていたからです。その瞬間をじっと心のなかで受け入れていただけなのかもしれません。

長いつき合いのなかで分かったことですが、アンディがしばらく黙っているのは、〝私が今言ったことは重要だ〟という意味でした。答える前にしばらく沈黙する、これはとても大切なことです。

私たちは手を握り合いながら、しばらく一緒に座っていました。アンディは以前、母親から「沈黙を破って話をしちゃ駄目よ。沈黙が終わるのを待ちなさい」と教えられたそうです。

最後にアンディは、弱々しい声でしたが、はっきりした言葉でこう言いました。

「今日、ご先祖さまのところに旅立つことにするよ」

いつものように、アンディは話を真正面から切り出しました。

私は黙っていました。彼はまだ話を続けていましたので、答える必要もありませんでした。

「今までいろいろとありがとう。本当に感謝するよ。ぼくを尊重してくれたし、経済的にも豊かにしてくれた」

「何を言うの、アンディ。違うわ。私や会社の人たちこそ、あなたに感謝しなくちゃ」

「一緒にいろんなことをしたよね」

アンディはしっかりした口調でそう言うと、さらにこうつけ加えました。

「まだまだやりたいことはたくさんあるけど、つらいことばかりありすぎる。みんな不幸だよね。職場では自分を殺さなくちゃならないんだから」

私はアンディの手を優しく握りました。〝職場では自分を殺さなくちゃならない〟。まさにそのとおりです。どの職場でも、みんな自分を殺して仕事をしているのです。

「あの物語を語り継いでいってほしいんだ。子どもたちから、またその子どもたちへと」

アンディはそう言うと、何度か深く息を吸って、また言葉を続けました。

「ガンホーへの道の物語を。**リスの精神、ビーバーの行動、ガンの贈り物**の話をね」

「分かったわ、アンディ、語り継いでいくわ。約束しましょう」

「ありがとう。やっと肩の荷が降りたよ」

そして彼はこう言いました。

「迎えのフクロウだ。ぼくを呼んでいる。じゃあ、明るいうちに旅に出ることにするよ」

アンディはニコニコしながら私を見つめていましたが、その安らかな表情はけっして忘れられません。

「それじゃあ、ガンホー！」

「ガンホー！」

私もそう返しました。

「ガンホー！」というのは、長い間二人が特別なあいさつの言葉として使っていたものですが、〝さようなら〟の意味もあります。これが二人にとって最後の〝ガンホー！〟になってしまいました。

アンディは目を閉じ、深い眠りにつきました。息がゆっくりと、浅くなっていきました。私の手を握っているアンディの手からも力が抜けていきます。

私には分かりました。医師たちがどんなに手を尽くしても、日が暮れる前にはアンディの命がこの世からなくなってしまうことを。アンディがそう決めたのですし、決めたことはかならず実行する人でしたから。


どのぐらいの間そうしていたのか、彼がいつ息を引き取ったのかは分かりません。彼の魂はフクロウの呼びかけに優しく応え、いつの間にかこの世を去っていったのです。私もようやく、アンディが逝ってしまったことに気づきました。

私はそっとアンディの手を離すと、あふれる涙をこらえて立ち上がり、身をかがめてそっとお別れのキスをしました。

アンディはまだ微笑んでいました。

部屋を出たことも、看護師を呼んだことも覚えていません。覚えているのは、病院をあとにしながら、どうやってアンディとの約束を果たそうかと悩んでいたことです。

どうやってあの物語を語り継いでいけばいいのだろう……？　**リスの精神**、**ビーバーの行動**、そして**ガンの贈り物**。私たちを成功に導いてくれた、この三つの秘訣を。


病院の隣の公会堂では、ちょうど何かのイベントが終わったところでした。信号待ちをしていると、後ろに男性が二人いることに気づきました。考え事に耽っていたので、話の内容までは分かりませんでしたが、突然、そのうちのひとりの言葉がはっきりと耳に飛び込んできたのです。

「仏教には〝学ぶ心深ければ、師は姿を現す〟という格言があるんだ」

信号が青に変わり、私は横断歩道を渡りながら、どうしたら約束を果たせるのか、きっと答えは見つかるだろう、などと考えていました。

そのまま帰宅する気にはなれませんでしたし、会社に戻るつもりもありませんでした。角にはデニーズのレストランが見えます。ほかに予定もなかったので、私はデニーズに入り、コーヒーを注文しました。

どうやってあの物語を、ガンホーへの道の物語を語り継いでいけばいいのだろう。アンディのことを思い出すたびに涙が出てくるので、私は彼との約束に思いを集中させようと努めていました。

アンディはきっと、あのフクロウと一緒にしっかりと支度を済ませてから、永遠の長旅に出ていくに違いありません。

ペギー・シンクレア

はじめに――逆境を跳ね返した伝説のマネジャーと出会う

不運な手につかまるか
それとも幸運なめぐり会いとなるか
一時間の早すぎ、一〇時間の遅れ、
この差が大きな違いを生む

マンリー・グラント
『詩集　第二巻』

ウォルトンでのセミナーは火曜日の午後に始まり、水曜日の昼に終わる予定だった。最初のセッションが終わると、私たちは早めに夕食をとろうと、通りの向こうにあるデニーズに行くことにした。

私たちは『1分間顧客サービス——熱狂的ファンをつくる3つの秘訣』（ダイヤモンド社）を一緒に執筆したことで、その関連本、つまり社員を自社の熱狂的ファンに仕立てるにはどうしたらいいかという本も執筆する必要がある、ということを強く感じるようになった。

顧客を〝熱狂的ファン〟にするサービスを提供しようとする会社はたくさんある。しかし、むしろ社員のほうが疲れてしまい、やる気をなくし、会社や仕事に対して憤りさえ感じてしまうことが多い。これではうまくいくはずがない。

さらに悪いことに、このような社員は会社に行くのも嫌になってしまい、一日を無駄に過ごしてしまう。一日のうち八時間も無駄にしてしまうのだ。

著作権エージェントのマルグレット・マクブライドや編集者のラリー・ヒューズも、関連本の企画そのものには大いに関心を示してくれたが、『熱狂的社員』というタイトルには難色を示した。

「まったく、開いた口がふさがらないっていうのはこのことだわ！」

これがマルグレット・マクブライドのコメントだった。

「労働者の権利をめぐって暴動でも起こしそうだな」

ラリーもそうこぼした。

まあ、書名はどうでもよかったのだが、ひとつだけ足りないものがあった。〝答え〟は物理学者のようにいくつも知っていたが、それをまとめて説明する方法論を持ち合わせていなかったのだ。

そういうわけで、私たちはワクワクしながらウォルトンまでやって来た。なにせあのウォルトンワークス第二工場がある町なのだ。逆境を跳ね返して見事に花開いた職場としては、おそらくアメリカで最も有名なところだろう。

ところが残念なことに、そこの統括マネジャーであるペギー・シンクレアとのインタビューの約束がキャンセルになってしまった。彼女の親友でもある職場の同僚が重い病に侵されており、猶予がないという。私たちはとてもがっかりし、その気持ちを彼女にも伝えた。

ペギー・シンクレアは伝説的な女性だった。

彼女がウォルトンワークス第二工場の統括マネジャーに就任したとき、そこは会社が所有する三二の工場のなかでも最悪の状態だったが、今ではホワイトハウスからアメリカでも有数の素晴らしい職場として表彰されるほど、大きな変化を遂げていたのである。

その高い効率、収益性、革新性、創造性、そして顧客に届けられる〝熱狂的ファンを生むサービス〟。これらの裏には、社員が進んで仕事をする、意欲に満ちている、能力が高い、チャレンジ精神が旺盛、共通の利益を求めて協力する、といった事実があった。要するに、私たちはやはり〝熱狂的社員〟というコンセプトを考えていたのだ。

私たちはデニーズへ向かいながら、今後の課題について話し合っていた。問題を解くカギはペギー・シンクレアにあるかもしれない、つまり、すべてをまとめてうまく説明するにはペギーの話を聞くしかない、と大きな期待を寄せていたわけだが、そのペギーとの約束が流れてしまったのだ。次はいつウォルトンまで来られることやら……、見当もつかない。スケジュールは数カ月先までびっしり詰まっている。

信号が青に変わった。横断歩道を渡りながら、シェルダンが達観したかのようにこんなことを口にした。

「仏教には〝学ぶ心深ければ、師は姿を現す〟という格言があるんだ」

私たちよりもひと足先にデニーズに入った女性がいたが、そのときにはまったく気づかなかった。初めて気づいたのは、食事が運ばれてきたあとだ。女性はすぐ向かい側のテーブルにひとりで座っていた。頬には涙がこぼれている。

ホワイトハウスから送られてきたウォルトンワークス第二工場の受賞についてのパンフレットに写真が載っていたので、彼女がペギー・シンクレアだというのはひと目見てすぐに分かった。

ほぼ同時に、彼女も顔を上げた。私たちに気づいたようだ。すると驚いたことに、彼女のほうから立ち上がってこちらに向かって来るではないか。人がストレスを感じているときに、その人のプライバシーに立ち入るのはとても気まずい。どう対応したらいいものか、私たちも当惑していた。

「ペギー・シンクレアです」

彼女は気丈にもそうあいさつしてくれた。

「お二人じゃないかと思いましたので……。お約束を破ってしまって申し訳ありません。実は今日、とてもつらいことがありまして……」

どうすればいいのか、どんな言葉をかけたらいいのかは分からなかったが、社交辞令として「よろしかったらご一緒にいかがですか」と誘ってみた。きっと丁寧に断られるに違いないと思っていたのだが、またも驚いたことに、少しためらいながらも、ペギーは私たちの誘いを受けてくれた。

これからお話しする物語は、このデニーズでの三時間にも及んだペギーの話と、その後数カ月の間に何度もペギーと会って聞かせてもらった話をまとめたものである。私たちは忙しいスケジュールを縫いながら空港のホテルでよく落ち合ったものだが、ペギーにもそこまで来てもらったことがある。

学ぶ心深ければ、師は姿を現す。

それでは、ガンホー！　力を合わせて頑張ろう！

ケン・ブランチャード
シェルダン・ボウルズ

ガンホーへの道――業績悪化で閉鎖寸前の工場を救う一筋の光

夕暮れの森は、美しく、暗く、そして深い
だが、私には果たすべき約束があり、
眠りにつく前に、まだ長い道のりがある
眠りにつく前に、まだ長い道のりがある

ロバート・フロスト
『雪の夕暮れに森の傍に佇んで』

要するに、〝はめられて〟しまったんです。

もっとも、社長のモリス〝おやじ〟から、このウォルトンワークス第二工場の統括マネジャーに抜擢されたときには気がつかなかったんですけどね。私ペギー・シンクレアは本社の将来を背負って立つ期待の星！　そう思っていたのに、きっと工場を任されたという喜びで舞い上がってしまって、何も見えなくなっていたんでしょう。周りの人たちにはよく見えていたようですけどね。

私は現場で仕事をしたことは一度もなく、ずっと本社勤務でした。理論は完璧に理解していましたが、実務経験はゼロ。工場を運営する訓練も受けていなければ、そんなことをするつもりもありませんでした。

それにしても、成績の良い工場ならまだしも、よりによってこんな工場を任されるなんて。

かつて、モリスおやじの新しい戦略計画には致命的な欠陥があることをレポートで指摘したことがありました。おやじは嫌な顔をしていましたが、問題点については認めてくれて、やがてはそれが一〇〇万ドルの経費削減につながりました。ですから、今回の辞令はそれに対する見返りだとばかり思っていたのです――確かに見返りではありましたが、私が思っていた見返りとは違っていました。

九月四日（火）、午前八時。私は元気いっぱい、やる気満々でウォルトンワークス第二工場に初出勤しました。ところが、終業時にはもうすっかりうんざり。この工場が社内でも最低だというのは周知の事実でしたが、まさかここまでひどいとは夢にも思っていませんでした。

この工場が生き延びてこられたのは、何と言っても本社の旧式な原価計算方式のおかげ。とにかく大きな問題が山積みでした。

しかし、その原価計算方式も新しいものに切り替わりつつあります。つまり、この工場は六カ月後、いや、長くても一年後には閉鎖される可能性があるということなのです。私も一緒に泡と消える運命か……。ウォルトンワークス第二工場の〝いけにえ〟としては申し分ないでしょう。

ところで、この工場の生産性はどうしてそんなに低いのでしょう。理由は単純明快。会社側が、ここで働く作業員よりも敷地内に積んである原材料のほうを大切に扱っていたからです。

しかし、工場運営チームのスタッフに話を聞いてみると、一カ所だけキラリと光る職場があることが分かりました。最終工程を担当する一五〇人の〝仕上げ課〟です。第二工場そのものには問題がありましたが、三三ある工場のどこを探しても、こんなに効率の良い部門など見当たりません！

つまり、この工場で働く作業員のおよそ一〇％がきらめく宝石で、残りはクズの山だったのです。

そこで、仕上げ課課長の上司に当たる部長に話を聞いてみましたが、その部長によれば、そんな仕上げ課にも問題があるということでした。


「あの課長を即刻クビになさることですな」


その部長はそんなことを言いだしたのです。

「えっ？　どうしてですか？」

私はたずねました。自分でクビにすればいいものを、どうして私の責任でやらせるのでしょう。いえ、それよりも、その課長をクビにする理由のほうを急に知りたくなりました。

「アンディ・ロングクロウというやつが問題なんですよ。ご存じのとおりインディアンでして……。いや、インディアンに対して偏見があるわけじゃありませんよ。やつも優秀な男です。ＭＢＡ（経営学修士）を持っているぐらいですからね。でも問題児なんですよ。頭痛の種です。やつさえいなければ、あの課はもっとよくなるはずなんです。まったく、あのインディアンの野郎！」

最後の言葉には明らかに悪意が込められていました。しかも、そのあとからはもっとひどい言葉が飛び出してきました。

アンディ・ロングクロウが問題児かどうかは知りませんでしたが、私がここにいるかぎり、この部長をそのままにしておくわけにはいきません。六カ月後には私自身がクビになっているかもしれませんが、だからといって、それまでずっとこの人のような偏屈者と一緒に過ごす必要はどこにもありません。

午後四時半。その日も暮れようとしていました。オフィスは瞬く間にもぬけの殻。今日は本当にあっと言う間でした。私は三〇分ほどしてからオフィスを出ました。

暗くなるまでにはまだ時間があります。そこでちょっと町を散歩してみることにしました。まずはメインストリート。とくに行く当てもなく、ただ考え事をしながら歩いてみました。

町にはスーパーが二軒、ドラッグストアが二軒あり、町立図書館の前には彫像が立っています。その碑文を読んでみると、よくある歴史的に有名な将軍や政治家などの彫像ではなく、ある芸術家のものだと分かりました。ここウォルトンは、アメリカ先住民の木彫師アンドリュー・ペイトンの生まれ故郷。美しい野生動物の木彫りの作品で国際的な賞を数多くもらっている人です。

七丁目のところで橋を渡りました。緑色の野原が川岸まで広がっています。岸辺にはベンチがひとつ。川向こうに私たちの工場が見えますが、何となく近寄りがたく、活気もありません。内部のようすが外観にも表れているということなのでしょう。私はベンチのほうへ歩いて行きました。

いくら考えても工場を立て直すアイデアなど浮かんできません。もともと、のみ込みは早いほうです。これが唯一の長所と言ってもいいはずでしたが、今回ばかりはどこから手をつければいいのかも分かりません。

ベンチに近づくと、長身で黒い髪をした男性が反対のほうからゆっくりとやって来ました。男性はポケットに手を入れたまま、ベンチの端っこにドスンと腰を下ろしました。普段は見ず知らずの人の隣には座らないようにしているのですが、何しろここは小さな町。そんなに危険なこともないでしょう。

「お隣、よろしいですか？」

「ええ、どうぞ。良い話し相手になれるかどうかは分かりませんが」

「どうかなさったんですか？」

相手を気遣ってというよりも、一般的な儀礼として聞いてみました。

「どうやら会社をクビになりそうでしてね」

見知らぬ者同士だからこその率直な口調で、その男性は答えました。

「あら、どうしてですか？」

思い切ってたずねました。私としては、自分の悩み事から逃れられるので都合が良かったのです。

「あそこの工場で働いているんですけどね……、いや、少なくとも今日までは働いていました。もう一五年になります。でも明日はどうなるのか、神のみぞ知る、といったところなんですよ」

「理由をうかがってもよろしいですか？」

「上司に言われたんです。お前はたぶんクビだろうって。自分でクビにすりゃいいのに、そうする度胸がないんですから。反発を恐れているんでしょうね」

「反発を恐れている？」

「ええ。でも実際にはそんなに反発なんて起きないと思いますけどね。うちの課の人間は工場がもう長くは続かないことを知っていますから。あと六カ月、せいぜい一年でしょう。だから、ぼくがクビになったからといって大騒ぎしても、大して意味がない。うちの課は血気盛んな連中が多いことでちょっと知られていましてね。だから怖がっているんですよ」

ベンチに一緒に腰かけている初対面の男性をあらためて見てみました。すると、その顔つきから、どうやらアメリカ先住民だというのが分かりました。※あっ、もしかしたら……！　分かったわ、この男性がだれなのか。次の言葉を聞くかぎり、男性のほうは私が何者なのか、まったく気づいていないようでしたけどね。

「女性の統括マネジャーが着任したんですよ」

男性は言葉を続けました。

※注　北米大陸の先住民族にはさまざまな呼称がある。本書では、著者らとペギーは「アメリカ先住民」という呼称を使っているが、アンディ自身は物語のなかで（つまり、今から三〇～三五年ほど前の話だが）「インディアン」という呼称を使っている。いずれも栄誉と敬意を込めて使っているので、読者の皆さんにもそう受け止めていただきたい。

「うわさによると、『オズの魔法使い』に出てくる魔女みたいに怖い人らしいんです。上司の話だと、この新しい統括マネジャーがぼくをクビにするんじゃないかって。たぶん、そうなんでしょうね。一五年も働いていたのになぁ。まあ、どうでもいいんですけどね。どうせ工場も長くはもたないでしょうから。でも工場がなくなったら、この町はいったいどうなるんでしょうね。六カ月後だろうと明日だろうと、大した違いはないと思われるかもしれませんが、実は大違いなんです。最後の日には、うちの課の連中と一緒に去りたいんですよ。それがみんなの目標だったんです」

「目標?」

「ええ。その日までは一緒に頑張ろうって」

男性は満面の笑みをたたえながら、そう答えました。

「最後の日には効率と生産性を大幅に上げて記録を更新する。そしてみんなで一緒に胸を張って正々堂々と会社の門を出て行く。夢みたいな話ですけど、できればそうしたいんです」

この初対面の男性がだれなのか、もう疑いの余地はありませんでした。〝最後の日には効率と生産性を大幅に上げて、みんなで胸を張って正々堂々と会社の門を出て行く〟。素晴らしい考えです。気に入りました。

　この話を聞いて、私はすぐに心を決めました。このままなら自分もいずれは消えていく身。だったら戦ってから消えていこうと。

「ところで、あなたも浮かない顔をしておられますね」

　男性が話題を変えました。

「ええ、実は私もクビになるかもしれないんです」

「ええっ、ご冗談を！」

「こんなこと、冗談で軽々しく言えるわけがないでしょう。上司は私を追い払いたいんです。あの人、きっとやりますよ」

「あなたもですか？　どちらにお勤めなんですか」

「あそこの工場」

「……ええっ！　本当ですか？　お目にかかったことはありました？　全部で一五〇〇人ほどいますが、ほとんど顔なじみだと思っていました。どんなお仕事を？」

「仕事？」

私はそう返すと、精いっぱい、いたずらっぽく笑って見せました。

「そう、実はその魔女って、私のことなんです。あなたアンディ・ロングクロウさんでしょう？　お話はうかがっています。悪いお話ばかりでしたけど」

アンディは苦しげな声を上げました。彼のかかとが小刻みに震えだし、その震えは頭のてっぺんまで広がっていきました。

「そうだったんですか。ぼくが役立たずのインディアンです。さっそく辞めさせていただきます！」

「そうはさせませんよ。仕上げ課については、あの部長……、例の偏屈者のね、あの人に辞めてもらおうと思っています。だって工場で一番優秀な人、つまりアンディ・ロングクロウさんをクビにしようとしているんですよ、あの人は」

アンディはびっくりしながら、私の顔をのぞき込みました。

「からかっているんですか？」

「いいえ。確かに私は魔女かもしれませんけど、バカじゃないつもりです」

「ぼくをクビにしないんですか？」

「もちろんクビになんてしませんよ。私が任された工場で、最も優れた部門を動かしている方ですもの」

「でも、さっきはご自分がクビになるかもしれないって、冗談をおっしゃっていましたよね？」

「冗談で終わればいいんですけどね」

私はそう言うと、それまでのいきさつをアンディに話し始めました。まったく初対面の人に一部始終を話してしまうなんてどうかしている、と思われるかもしれませんが、なぜかこの人なら信用できる、特別な人のような印象を受けたのです。そして、どうしたらウォルトンワークス第二工場を救えると思うか、と意見も求めてみました。

「教えていただけないかしら。どこも赤字なのに、仕上げ課だけはどうして成績が良いのか。何をしていらっしゃるんですか？」

「ガンホーです。うちの課では全員がガンホーなんですよ」

「ガンホー？　頑張るっていう意味？　やる気満々とか熱中しているとか？」

「おっしゃるとおりです。ぼくたち、ガンホーなんです」

「あの工場で働いていて？　あの部長の下で？」

「いや、部長は何もしてくれません。でも、みんなガンホーなんですよ」

「じゃあ、あなたがみんなをガンホーにしたの？」

「ぼくじゃありません。ぼくの祖父です」

「おじいさんもあの工場に？」

「いいえ、祖父は工場の内部など見たこともありませんよ。一〇年前に亡くなりました。でも亡くなる二年前に、ぼくが仕上げ課の課長になったんです。そのときにガンホーのことを教えてもらったんですよ。それでうちのやつらにも教えているんです——ああ、すみません。乱暴な言葉を使ってしまいました。女性もいましたね。うちの課には女性も大勢いるんですよ。まあそういうわけで、ぼくたちはみんなガンホーなんです」

「ほかの部門の人たちにも、そのガンホーのことを教えてあげることはできるんでしょうか？」

「もちろんです。でも、ひとつだけ問題があります」

「問題？」

「ええ。仕上げ課をガンホーに仕立て上げるのに五年かかりました。今回はそれを六カ月、せいぜい一年でやらなくちゃならないわけでしょう？」

「確かにそうなんですよね」

私は残念そうにそう答えました。

「そうですか……。工場全体をガンホーにすることができたら、さぞかし楽しいでしょうにね」

「でも一度やっていらっしゃるわけだから、二度目はもっと早くできるでしょう。その方法を教えていただけませんか？」

アンディが長い間黙り込んでしまったので、私は無視されたのかと思っていましたが、彼は再び口を開いてこう言いました。

「三年はかかりますよ。少なくとも三年は」

「でも長くても一年しかないんです」

私は訴えかけるように言いました。

「三年あれば十分ですが、一年だとほんの少し変わる程度かもしれませんね」

「工場は救えるかしら？」

「どうでしょう」

「……やってみません？」

「クビにならないで済むなら」

「もちろん〝私は〟クビになんてしませんよ。それにＭＢＡ（経営学修士）の肩書きをお持ちなのにクビになんかしたら、あなたのキャリアに傷をつけることになりますもの」

「そうですか。それはありがとうございます。ガンホー！」

「ガンホー、アンディ・ロングクロウさん。私はペギー・シンクレアといいます」

私はそう言いながら手を差し出しました。アンディはその手を握りながら、こう言いました。

「それじゃあ、ガンホー、ペギー！」

このとき以来、「ガンホー！」がお決まりのあいさつの言葉になったのです。

「でも、ひとつだけ腑に落ちないことがあるんですけど」

私は手を離しながら、そう言いました。

「ひとつだけ？」

アンディは温かい笑みを浮かべながら答えました。

「とりあえず、今はひとつだけ。あなた、ＭＢＡをお持ちなんですよね。それに、仕上げ課を導いたような優れた能力もおありなのに、どうしてここにお住まいなの？　どこへ行っても、もっと良い条件のお仕事があるんじゃない？」

アンディの答えを聞いたら、こんな質問をしてしまったことを本当に申し訳なく思いました。知らなかったとはいえ、彼の心の傷に触れてしまったのです。とても個人的で、本人にしか分からないような理由でしたが、彼はためらうことなく話してくれました。

アンディの妻と息子が、ここウォルトンに眠っているのだそうです。

ある日、妻が息子を学校まで迎えに行き、その帰宅途中の事故でした。真っ昼間にもかかわらず、酔っ払い運転の車にはねられたのです。

「当時はここで何年かマネジメントの実地経験を積んだら、どこかに引っ越そうと思っていました。でも、今は妻と子どもの墓がありますから、ぼくもここに留まることにしたんです」

「ごめんなさい、つらいことを思い出させてしまって」

「いいえ、とんでもない。昔の話です。でも夜になると、今でも胸が痛みますけどね」

何と言葉をかけていいのか分かりませんでしたが、私はじっと座ったまま、時間がこの気まずい雰囲気を埋めてくれるのを待ちました。

やがて私のほうから口を開きました。

「(川向こうにある工場を指さしながら) あの工場を立ち直らせるには、何から始めればいいかしら?」

「まずは**リスの精神**からですね」

アンディはそう答えました。「まずは**リスの精神**について学びましょう。それから**ビーバーの行動**、**ガンの贈り物**へと進んでいきます。明日、ぼくは三時半に仕事が終わるんですが、よかったら正門の前で待ち合わせしませんか。田舎のほうに出かけますから、ズボン着用でお願いしますね」

アンディはベンチから立ち上がると、私の目をじっと見つめながら、こうあいさつしました。

「それじゃあ、ガンホー!」

「ガンホー!」

私もそう返しました。

アンディはくるりと背を向けて、さっき来た道を戻っていきました。後ろを振り向くことはありませんでしたが、さっきとは違って足取りは軽そうでした。

奇妙な出会いから実り多い友情が芽生えました。それが私たちのガンホーの組織づくりへの取り組みにつながり、やがてはホワイトハウスで表彰されるまでになったのです。

「二人とも社会では負け犬だったからこそ固い友情で結ばれたのだ」と後に言われたことがあります。私は女性、アンディはアメリカ先住民。でも実際にはまったく違いました。

私は負け犬だったかもしれません。当時はまだ自分がどう見られたいのか、迷いがありました。でも、アンディは自分がどういう人間か、どう見られたいのかも分かっていました。アメリカ先住民であることに高い誇りを持っており、負け犬のようなところもまったくありませんでした。

以前アンディから聞きました。彼のおじいさんは「先頭を走る犬でなければ景色は何も変わらない」とよく言っていたそうです。アンディはいつでも先頭を走っていました。

翌朝、まだ前夜の夜勤作業員が残って仕事をしているうちに、私は工場のほとんどを視察して回りました。工場を案内してもらおうと現場の事務所を訪れてみると、何と、そこにいた現場主任、トランプ遊びに興じているではありませんか。運悪く私に見つかってしまった主任は、大きな声でこう言いました。

「夜勤の連中が交代しないうちに統括マネジャーが見回りに来るなんて、前代未聞ですよ」

午前八時、今度は日勤の現場主任に案内してもらい、再び工場を視察して回りました。

学生時代に作業場でアルバイトをした経験があるので、工程については知っていました。もちろん現場主任は良い人たちばかりで、知識も経験も豊富です。ただ、自分の仕事にはほとんど関心を持っていませんでした。

現場に私がいるのを見て現場主任が驚いたぐらいですから、部長たちの驚きようといったら、それはもう大変なものでした。二度目の視察の最中に勢ぞろいしてやって来るや、私のすぐ後ろにぴたりとくっついて、まるで番犬が吠え立てるかのように、オフィスのほうへ連れ戻そうとして話しかけてきたのです。

「会議室でしたら簡単にご説明しますのに……」

「オフィスでしたら、もっと詳しくご説明できますよ。すべてファイルにしてありますから……」

「私の部屋のグラフをご覧になるとよろしいかと……」

私はオフィスには戻らないと伝え、全員を視察に同行させました。でも重要な情報はもう出尽くしていました。

部長たちに戻ってもいいと指示を出すと、みんなホッとしたようす。まだ視察していないのは一カ所だけ。そう、仕上げ課です。例の部長には考えを改めるチャンスを与えてみようと思ったので、その部長に、一緒に視察に行かないかと声をかけてみました。

そして最もウマが合わないその部長と一緒に、私は仕上げ課の現場に入りました。

「こちらが将来の手本となる作業場です。ただ、問題がありましてね。言うまでもなく、アンディ・ロングクロウというやつのことですがね」

この部長、またその話を持ち出しました。

「やつが命令に従わないんですよ。ここの人間にはもっと働く余裕があるのに……。休憩時間をあと三分短くするようにと言ったんですが、それもやっていない。さらに、いい加減なやつも多くてですね、ここは。そういうやつらも放ったらかし状態なんですよ」

壁に目をやると、ガンホーのサインがありました。また、ほとんどの機械にもガンホーのステッカーが貼ってありました。

「ガンホーって何のことかしら?」

私は案内役の現場主任にさりげなく聞いてみました。

主任は少しびっくりしながら、サインをまじまじと見つめました。まるで今初めて気がついたといった顔つきでした。おそらく本当に今初めて気がついたのでしょう。

「さあ……、〝破壊する日まで頑張ろう〟……？　インディアンのスローガンですかね」

主任は何のことか分からないと認めながら、そう自分の考えを述べました。

「アンディ・ロングクロウさんのこと？」

「そうです。たぶん、改革に反対しているんでしょう」

「改革に〝反対している〟？」

「別に驚くようなことじゃありません。課長のことですから」

アンディの姿はどこにも見当たりませんでした。あとで聞いたところによれば、私たちが来るのを知って（「民衆の太鼓の音で知って」と言っていましたが）、警戒して姿を消したのだそうです。

こんな現場は工場のどこを探してもほかには見当たりませんでした。ゴミひとつなくきれいに清掃されており、作業員（これもあとで知ったのですが、彼らは〝チームメンバー〟と呼ばれていました）は清潔で明るい色の作業衣を着用し、仕掛品《しかかりひん》（加工途中の製品）もきちんと整頓されて並んでいるのです。ガンホーのサインのほかにも、いろんな表やグラフ、作業の進捗状況を示す掲示板などがあり、すべてがひと目で把握できるようになっていました。

なかでも私の目を引いたのが、その雰囲気でした。作業員がみんな楽しそうに働いているのです。ほかの現場には陰気くさい空気が漂っているのに、ここではどこもかしこも明るく見えました。

ここの部長の運命が決まったのは、「真面目な白人ならいくらでもいるのに、どうしてわざわざインディアンなんか雇っているんだか」という疑問を口にした瞬間でした。

分別のある人間なら、こんなことは口が裂けても言いません。ましてや女性の私に言うなんて。ところが、この人は言ってしまったのです。もう怒る気力すらなくなりました。〝狭い了見が世間を狭くする〟ことも学びました。

私はオフィスに戻ると早速命令を下しました。あまり気分の良いものではありませんでしたが、一八人いる部長のうちのひとり、つまりその部長を解雇したのです。ただ退職手当だけはちょっと奮発してやりましたけどね。

だれもが成長し、変わることができるというのが私の信念ですが、この部長と一緒に仕事をしている時間はありませんでした。マネジャーに変わってくれることを期待するのではなく、マネジャーそのものを変えてしまうしかない場合もあるんですね。

残る一七人の部長との会議の席で、私は二つのことを伝えました。

「まずひとつ目、もし辞めたいなら、さっさと辞めてくださって結構です。何もせずにボーッとしている時代は終わりです」

私が本気だと分かると、部屋全体に驚きと衝撃が走りました。

「そして二つ目。今日の午後は早めに仕事を終わらせて、**リスの精神**を探しに行ってきます。そのまま直帰しますね」

これはちょっとした伝達事項でしたが、同じようにただならぬものを感じさせたようです。

部長たちはみんな無言で退散しましたが、私がアンディ・ロングクロウの運転するハーレー・ダビッドソンの後部座席に座って工場の正門から出ていくときには、それを窓越しに仰天しながら見つめていました。朝の視察のときよりもはるかに大きなショックを受けていたようです。

私は思わず「うわーっ！」と声を上げました。アンディも大声を上げました。

「さあ、つかまって。出発しますよ！」

「あんたはアメリカ先住民の背中にしがみつき、そいつの運転するバイクでハイウェイを猛スピードで走り抜ける。その一瞬一瞬を、あんたは心の底から堪能するだろう！」

もし一週間前にこんな予言を聞かされていたとしたら、きっと笑い飛ばしていたでしょう。だれが信じますか？　それに加え、そのアメリカ先住民のおじいさんの経営哲学、リス、ビーバー、ガンに学んだ経営哲学に自分の将来を委ねるなんて、笑止千万ですよ。まずあり得ない話です。

ところが、私はまさにそれをやろうとしていたのです。それが何であれ、とにかく間違ったことはしていないんだという思いでした。ガンホーこそ、私自身を、そして工場を救う唯一の手がかりだったのです。

リスの精神――重要なだけでは駄目。やりがいがある仕事をする

私たちは間もなくハイウェイを降りて田舎のほうへ向かいました。町から三〇キロほど行くと、アンディはほこりだらけの私道に入り、さらに森の中を二キロほど走ったところでようやくバイクを止めました。

「さあ、着きましたよ」

アンディはハーレーのエンジンを切りながら言いました。

手入れが行き届いた大きな森の真ん中でした。近くには小さな丸太小屋があり、玄関前には広いポーチと石造りの煙突が見えました。

何という静けさ！　何とも神秘的な感覚を抱きながら、私はゆっくりと丸太小屋のほうへ歩いて行ってみました。

「素晴らしいわ」

私はアンディのほうを振り向きながら感嘆の声を上げましたが、あまりの素晴らしさにそのまままくぎづけになってしまいました。すると、アンディの三〇メートルぐらい後ろを、シカの親子が飛び跳ねながら〝アンディの開拓地〟を横切って、反対側のやぶの中へ入って行くではありませんか。

私がすぐに指さすと、アンディは振り向いてそのシカの親子を見つめました。

「メイベルとフレッドです」

「メイベルとフレッド！」

「そう。ぼくが勝手にそう呼んでいるだけですけどね」

アンディははにかみながら答えました。

「実は、あの木のそばに塩が置いてあるんです。ああやって一日に何度かやって来るんですよ」

アンディは私を玄関ポーチへ連れていき、冷たいビールを振る舞ってくれました。そして大きくて古風なロッキングチェアに私を座らせると、自分はハンモックにドサッと座り込みました。

「さあ、そろそろリスの精神について学ぶ時間ですよ」とアンディ。

私は彼を見上げながら、次の言葉を待ちました。

「リスを観察していてください。ぼくはひと眠りしていますから」

「ええっ？　あなたが教えてくれるんじゃないの？」

「それは違います。あなたがご自分で学ぶんですよ。ぼくは昼寝をしていますから。このへんにはリスがたくさんいますよ。目が覚めたら報告してください」

そう言うと、アンディはさっさと目を閉じて寝入ってしまいました。ひとりでリスを観察していろ、ですって！　この人、かなりの自信家か、とんでもない変人かのどちらかね。上司はこの私、しかも昨日が初対面。それなのに、その私の目の前でもう眠りこけているなんて。

キツネにつままれているのかしら。私はちょっと頬をつねってみましたが、痛い。夢じゃない……。

私はあの仕上げ課でのガンホーの雰囲気を思い出してみました。アンディによれば、リスの精神について学ぶことがガンホーへの第一歩とのこと。そのアンディが「リスを観察していろ」と言っているのですから、そうするしかありません。確かに彼は変人かもしれません。でも私が自分で決めたことですし、将来を彼に託したのはこの私なのです。

アンディの言うとおり、至るところにリスがいました。ポーチの脇の切り株の上には餌箱が置いてあります。すると、リスが森の中からちょこんと現れては芝生を横切ってこの餌箱に駆け寄ってきました。そしてヒマワリの種を口いっぱいに頬張ると、森の中へさっと駆けて行きました。

そのうちにリスの見分けもつくようになってきたので、往復する時間を計ってみることにしました。一往復の平均は三分五〇秒。一時間に一六往復。そのために餌箱が備えつけてあったわけです。餌は天井から吊るした大きな箱に入っており、滑り板を通って自動的に流れてくるしかけになっていました。

一時間ほどすると、ハンモックのほうからアンディの声が聞こえてきました。

「で……、何か分かりました？」

「リスの精神について学べたかどうかは分からないけど、第二工場の作業員がみんなこのリスみたいに仕事をしてくれれば、もっと成績は良くなるのに。そう思ったわ」

「おっしゃるとおり」

アンディはハンモックを揺らしながらそう言いました。私はアンディの次の言葉を待っていたのですが、彼はじっと黙り込んでいます。

「で、どうすればいいの？」

私は待ち切れずにそうたずねました。

「リスの精神、ビーバーの行動、ガンの贈り物。ガンホーになるのに必要なのはこの三つです」

「それは前にも聞いたわ。今はリスのことに話を絞りましょうよ」

私は笑いながら言いました。

「それもそうですね。じゃあ質問です。どうしてリスはあんなに一生懸命に働くんでしょう？　答えを考えてみてください。それがリスの精神ですから」

「リスが一生懸命に働くのは、やる気があるからかしら」

「素晴らしい。じゃあ、どうしてやる気があるんでしょう？」

「目標があるからでしょう。餌を蓄えるという目標に向かって頑張っているのよね」

「じゃあ、どうしてその目標がリスにやる気を起こさせるんでしょう？」

私はいすを揺らしながら考えました。アンディもハンモックを揺らしています。

「リスは餌を蓄えておかないと冬を越せないでしょう。死んじゃうもの。だからやる気を出しているのよね」

「そろそろリスの精神が分かってきましたね」

「つまりこういうことかしら。リスの仕事には、単に餌を運ぶというだけじゃなくて、それ以上の意味があるということ。その仕事が重要だから、やる気を出しているのよね」

「リスの仕事は単に重要なだけではありません。**やりがいがある**んですよ」

アンディは〝やりがいがある〟という言葉をことさら強調すると、ハンモックから起き上がり、ゆっくりと丸太小屋の中に入っていきました。

「プレゼントがあるんですけど」

アンディはそう言いながらすぐに戻って来ると、木彫りのリスをくれました。そのリスは立ったまま何かをしゃべっているようです。まるで大声でしかられているかのようでした。毛も一本一本が細かく彫られており、力強い後ろ脚の筋肉も波紋のよう。

「アンディ、見事な木彫りね。どこで手に入れたの？」

「祖父が彫ってくれたんですよ。ぼくにガンホーのことを教えてくれたときでした。底の部分を見てみてください」

底の部分を見てみると、木彫師アンドリュー・ペイトンの名が一九六七年七月の日付とともに焼きつけてあり、次のような言葉も添えられていました。

リスの精神――やりがいがある仕事をする

これだったのね、仕上げ課をガンホーの組織に仕立て上げ、今後ウォルトンワークス第二工場を救うことになるかもしれない第一の秘訣というのは！

でも、これほど深くて力強い意味があるものだとは思いませんでした。

「アンドリュー・ペイトンって、あなたのおじいさんなの？　銅像が立っているのを見たわ」

「皮肉な話だと思いません？　祖父は木を彫っていたのに、銅像にされているんですから」

「美しい作品ね」

私は木彫りのリスをじっと見つめながらそう言いました。

「アンディ、最高のプレゼントだけど、これをいただくわけにはいかないわ。おじいさんがあなたに彫ってくれたものでしょう?」

するとアンディはにっこり笑いながらこう言いました。

「確かに。でも第二工場にガンホーをプレゼントしてくれたのは祖父ですからね。祖父の作品はまだまだたくさんありますし、あなたがこれを持っていってくだされば、祖父もきっと喜びます」

「そう。それじゃあ、ありがたくいただくわ」

私はそう言うと、あらためて底の部分に焼きつけられた彼のおじいさんの言葉を読んでみました。

「リスの精神——やりがいがある仕事をする」

「やりがいがある仕事をする」

私は大きな声でその言葉を読み上げ、胸に刻み込みました。

「仕事にやりがいがあるから、リスは一生懸命に働くんです。人間も同じですよ」

アンディはそう言うと、再びハンモックに戻って行きました。

「〝やりがいがある〟というのは、単に〝重要だ〟というだけじゃないんですけど……、まずは重要じゃないとね」

「〝やりがいがある〟というのは単に〝重要だ〟というだけじゃないって、さっきも言っていたけど、重要である以上に重要だ、というのはどういうこと？」

「そういう意味じゃないんです」

アンディは意味ありげに答えました。

「〝やりがいがある〟という言葉には、〝重要だ〟よりももっと大きな概念があるんですよ。ここで学ぶポイントは三つ。ひとつ目は、仕事は重要だという理解を持つこと。二つ目は、仕事をよく理解して共通の目標を持つこと。三つ目は、しっかりした価値観を持ち、それに基づいて計画し、決定し、行動すること。この三つを実行して、初めてやりがいがある仕事ができるんです。要するに、それがリスの精神なんですよ。

でもまずはその仕事が重要じゃないといけません。もし部下にガンホーになってリスの精神にのっとって仕事をしてほしいなら、まずは〝自分たちは必要とされているんだ〟ということを理解してもらい、自分たちの仕事がより良い社会を築くのに役立っているんだという認識を持ってもらうことが肝心ですね。

祖父がこんなことを言っています。

『リスの精神とは、森を創造する神の計画を実行に移すものである』

人は人間の幸福と繁栄に何をして貢献しているのか、どのように貢献しているのか、それを理解しないといけませんね――それが自分たちの森を変えていくことになるんですよ」

アンディの衝撃的な言葉を聞いて、私はゾクゾクしてきました。想像してみてください。重要な仕事をして、それで社会の流れを変えていくんですって！神の計画を実行に移す仕事ですって！

会社には報奨制度がたくさんあります。しかし、どれも目の前にニンジンをぶら下げてムチで後ろから追い立てるようなもので、本当の意味でやる気を起こさせるものはひとつもありません。

アンディはじっと私を見つめていましたが、私が疑問に思っていることが分かっていたようです。

「ぼくが言いたいのは、仕事に対する理解のことです。仕事そのもののことではありません。どんな仕事も重要ですし、より良い社会を築くのに役立つものばかりです。みんな必要とされているんですよ。でも、自分がどのように役立っているのかを理解していないだけなんです。

祖父はこう言っていました。『一度理解してしまえば、自分の仕事が正しい仕事だというのが分かるだろう』とね。みんな正しい仕事をしたいんです。それがガンホーにつながるんです」

「考え方はよく分かったわ、アンディ。でも、どんな仕事も重要で、より良い社会を築くのに役立っている、というのはどうも……」

「確かに分かりにくいでしょうね。ぼくたちはみんな、仕事をユニット（単位）としてとらえるよう訓練されています。いつ着手するか、どれぐらい研磨するか、いくつ組み立てるか、いくらで販売するか、という具合にね」

「確かにそれが物事の判断基準になっているところがあるわね」

「そうなんです。つまり、ユニットそのものが仕事をする理由になってしまっているんです。それを打ち破るには、発想を変えなければなりません。自分のした仕事がどのように人の役に立っているのか、それを考えないとね」

「ほとんどの仕事は重要なもので、それが社会を変えていくというのは、本当にそうなのかしら？　看護師とか介護士、製薬会社に勤める研究者なら分かるけど……」

　私はためらいながら言いました。

「だからさっきも言いましたけど、発想を変えなければならないんですよ。自分は何をしているのか、何を達成しようとしているのかを、人の観点から考えてみるということです。じゃあ、お聞きします。今までのご経験やお考えのなかで、最も無意味な仕事、つまらない仕事は何でしたか？」

「そうね、大学のカフェテリアで皿洗いをしたことがあるんだけど……、まさかそれも無意味な仕事じゃないって言うのかしら？」

　私にとって、皿洗いはまさに〝つまらない仕事〟でした。汚れた食器を載せたトレーがベルトコンベアで次々と運ばれてきて、残飯を捨てて食器を洗浄器に入れ、洗い終わってきれいになった食器を積み重ねていくというものでした。私は〝こんな仕事には意味がない〟と暗に答えたつもりでしたが、アンディの笑顔を見ると、ちょっと不安になってきました。

「大学のカフェテリアで皿洗い。とっても重要な仕事じゃないですか。ああ、それを無意味だなんて！　学生たちにどんな影響が及ぶか、考えてみてください。経営者や医者、社会科学者、政治家、研究者になるかもしれない若者たちがやって来るんですよ。一度でもばい菌だらけの汚れた食器を使ったら大騒ぎになりますよ。仕事のユニット、つまり何枚の皿を洗うかじゃなくて、人への影響という点から考えてみてください。もし皿洗いが人の幸福に貢献していないと思っていらっしゃるなら、いつも汚い食器で食事が出て来るような食堂にお連れしましょうか。そんなところで一度でも食事をしたら、考え方ががらりと変わりますよ。

学生たちは、疲れて、お腹を空かして、そしてきっとひとりでカフェテリアにやって来ます。皿洗いは、そんな彼らに喜びと栄養を与えるという、カフェテリアのなかでも重要な役割を担っているんですよ。人にあげる贈り物として、こんなに素晴らしいものはないじゃないですか」

そしてアンディは私の目を直視しながらこう言いました。

「今の経済は、すべて人の往来に依存しています。毎日弁当を持参するわけにはいきませんよね。ですから、自宅の外でも、衛生的な食環境、清潔な皿、食の安全が求められているんです。それがぼくたちの文明社会の基礎になっているんですよ」

「でもそれは物の見方によって違ってくるんじゃないかしら」

私はやや言い訳がましく反論しました。

「いや、物の見方じゃなく、物をいかにはっきりと見るかによって違ってくるんです」

アンディはきっぱりとそう答えました。

「それでみんなガンホーになれるわけね」

私は質問とも断定ともつかない言い方をしました。

「そこが出発点です。穴を掘る仕事、電話の応対、ゴルフコースの設計、モノづくり……、どんな仕事にも社会的な価値があります――これも祖父がよく口にしていたことですけど。一度自分の仕事がはっきりと見えるようになれば、物の見方は大きく変わってきます。同じ仕事でも、〝金属を延ばして設計図どおりの型に削る仕事〟ととらえるのと、〝子ども用自転車のブレーキの部品をつくる仕事〟ととらえるのとでは、まったく違いますよね」

ひと呼吸置いてからアンディは続けました。

「〝金属を削る仕事〟でミスをしたって、不良品ができるだけだと思うでしょう。でも〝ブレーキづくりの仕事〟でミスをしたら、子どもが足を骨折するかもとか、もっと恐ろしい事故につながるかもしれないと思いませんか？」

「〝金属を削る仕事〟がユニットで、〝ブレーキづくりの仕事〟が正しい仕事、というふうに考えればいいのかしら？」

アンディは笑いながらうなずきました。

「今ここで何の話をしているかというと、愛情や憎悪と同じで、人が持つ最も強い感情のひとつ、つまり自尊心についてです。自尊心を持つ一番手っ取り早くて確実な方法、それは自分の仕事が社会とどうかかわっているのか、どういう位置づけなのかを知ることです。そうやって自尊心を持てたときこそ、ガンホーへの道の第一歩を踏み出せるんですよ」

夏の日の夕暮れ。静けさに包まれた丸太小屋で、アンディはウォルトンワークス第二工場が顧客にも地域社会にもいかに貢献しているかという話を始めました。物静かな口調でしたが、洞察にあふれた内容でした。会社に対する私の考え方もあっと言う間に変わっていきました。

自分たちの仕事が社会とどうかかわっているのか、またそういう仕事がいかに重要かを理解することもできました。自分たちは単なるモノづくりではなくそれ以上のことをやっているんだ、ということも初めて分かってきました。

〝アンディの開拓地〟に足を踏み入れたときには神秘的な感覚を覚えましたが、今はまたそれとはまったく違ったものを感じています。

「私たちにはまさにリスの精神が必要なのね、アンディ。ガンホー！　やっと分かったわ」

「ちょっと待った！　まだ続きがあるんです」

アンディは笑いながらそう言いました。

「まだ終わったわけではありませんからね。忘れないでください。〝やりがいがある〟というのは〝重要だ〟以上のものだ、と言いましたね」

「はい。で、次は何かしら？」

「ちょうどいい時間だ。そろそろ〝本社〟の連中を起こさなくちゃ。ちょっとここで待っていてくださいね」

丸太小屋に入っていったアンディは、パンの切れ端や残飯が入ったビニール袋を持ってすぐに戻ってきました。

「生ゴミです。もう腐りかけているやつ。本社の連中、これが大好物なんですよ。いいですか、見ていてください」

アンディは丸太小屋から一五メートルほど離れたところに餌を置くと、そばの木に吊るしてあるトライアングルを鉄の棒でコンコンとたたき、大急ぎで引き返してきました。

「よく見ていてくださいよ。社長と、その下で働く副社長たちがすぐに出てきますから」

すると、餌小屋のほうから、背中に白い線が二本入った黒い動物が現れたではありませんか。堂々たる行列です。一番後ろからは子どもも三匹ついて来ました。

「あら、スカンクね。スカンクがぞろぞろ出てきたわ！」

私は大声を上げて笑いました。

「しーっ！　静かに！　本社の連中を笑っちゃ駄目ですよ。やつらは怒ると臭いのを一発ぶっ放しますから」


スカンクはすぐに餌を食べ終えると、母親のスカンク（私には母親に見えましたが、確かめてみようとは思いませんでした）が、餌小屋の向こうに姿を消しました。すると、ほかのスカンクも慌ててさっと潜り込んでしまいました。

「またあとで出てきますよ。やつらは夜が大好きですからね」

ちょうどそのとき、一匹のリスが餌小屋の屋根に駆け上がってきて、背中を反らしてしっぽの先を空高く上げると、何度も大きく舌を打ちました。

「スカンクが本社の連中なら、リスは〝モリスおやじ〟ってところですかね。ぼくがリスの精神の話を中断してスカンクに目を向けちゃったものだから、ちょっと嫉妬しているんですよ」

アンディは大まじめな顔でそう言うと、強くて甲高い反撃の舌打ちをしました。リスは急におとなしくなってしまいました。

「これであの図々しいやつらもしばらくはおとなしくしているでしょう。実はね、あなたに目標や価値についてお話しすることを、あのリスと約束していたんですよ」

アンディはこのことを実に淡々と、事務的に教えてくれました。外から電話がかかってきたときに、同僚に「電話よ」とだけ言って内線をつなぐことがありますが、まさにそんな感じです。大真面目で、自然な口調でした。

アンディは私をからかっているのかもしれません。でも、リスの物まねが完璧だったのは確かです。何しろリスは彼の言うことを理解して、すぐに黙ってヒマワリの種を集め始めたんですから。

リスとの約束を守っているのでしょうか、アンディは講義を続けました。

「やりがいがある仕事をするには、まずはみんなが目標を理解し、それを共有しなければなりません。でもそれだけでは不十分です。重要なのは、どうやってその目標を達成するかです。そのためにはしっかりとした価値観を持って、それに基づいて行動する必要があるんです。目標だけでなく、それを達成する方法、この二つがそろって初めて、やりがいがある仕事ができるわけです」

私はまだあのリスを見つめていました。きっとあのリスもこの話に耳を傾けて、アンディが約束を守っているかどうかを確かめているのだろうと思いました。アンディは、私が黙っているのを講義を続けてもいいという合図だと受け取ったようです。

「目標設定というのは、ほとんどの組織にとって重要な問題です。経営者は年次報告書に記したり会議で発表したりしますから、それで全員がその目標を理解している、共有しているものだと思い込んでしまいます。もちろん共有はしているでしょう。でもチームがそれにコミットしなければ……、つまり責任を持って本気で取り組まなければ、目標を共有しているとは言えないんです」

「ウマを川まで連れていくことはできても、川の水を飲ませることはできない、ということね？」

「そのとおりです。ウマが水を飲んでくれなければ、みんなの川だ、川はみんなのものだとは言えませんよね。目標を自分のものとして考えること、それが重要です。共有した目標を現実のものにするにはコミットメント（責任を持って本気で取り組むこと）が必要なんです。あのリスたちは、みんな同じ目標に向かって本気で取り組んでいるでしょう。ガンホーの組織でも同じことなんですよ」

「なるほど。分かったわ」

「そう言っていただけてうれしいです。分かってくれる人はほとんどいませんからね。第二工場で働き始めたころにも、いろんな目標がありました。激励会を開く統括マネジャーもいましたよ。おそろいのTシャツを着せたり、社歌を歌わせたりね。ただ、ひとつ問題だったのは、だれも目標のことなんか気にかけていなかったということです。そりゃ暑苦しい午後に冷たいビールが出てくれば、みんな楽しく歌いますよ。でも何も変わりはしない。ただ部長たちが『相変わらず何も変わらないのはなぜなんだ！』と頭を抱えているだけなんです。ときどき思うんですけど、会社ではバカになるのも立派な才能だと。バカにならなきゃ出世もままならないんだと。こんなことを考えたりもしますよ」

アンディはそう言ってフンと鼻を鳴らしましたが、私が驚いた表情をしているのが分かり、「失礼なことを言ってすみません」と謝ると、ヒツジのようにおとなしくなってしまいました。

「あなたのことを言っているわけじゃありません。妻にもよく怒られました。どうもぼくは怒りっぽい性格らしくて。少年時代、土曜日の午後によく映画を観ていたせいかもしれません。インディアンがカウボーイにしょっちゅう殴られていましてね」

アンディはアメリカ先住民であることに高い誇りと十分なプライドを持って

おり、それに満足していました。だからこそ自分をさらけ出すような話もできるのでしょう。アンディのことが少しずつ分かってきました。

「共通の認識を持ってさえいれば、みんなが支持してくれているものだと勘違いしてしまうのね」

「そういうことなんでしょうね。さっきのスカンクを見ればよく分かりますけど、彼らの目標は森全体を支配することです。ぼくもそのことは理解していますが、共有はできませんよね。勝つ見込みがないからじゃありません」

「じゃあ、さっそく目標設定に取りかかりましょうよ」

「そうですね。でも忘れないでください。内容を確認したら、あとは部下にやらせることです。そのほうがうまくいく場合もありますから。ぼくの仕事は仕上げ課の目標を設定することですが、実は一〇個ある目標のうち本当に重要なのは二つか三つです。ですから、実際にほかの目標についてはチームに任せることにしているんですよ」


その日はそれ以上目標の話はしませんでしたが、その後ガンホーの組織づくりへの取り組みを始めたとき、アンディからは、二つの違った目標を持つことが必要だと教わりました。

まずひとつ目は〝結果に関する目標〟。自分たちがやりたいと思う仕事――いつまでにどれだけを加工し、完成させ、出荷し、どれだけの利益を得たいのかなど――についての目標を掲げること。

そして二つ目は、〝価値に関する目標〟。会社の社員、顧客、仕入れ先、地域社会の人たちの生活にどのように役立ちたいのか、彼らにどのような形で貢献したいのかについての目標を掲げること。

また、目標というのは、現在位置を確認して今後の行き先を決める〝道しるべ〟のようなものなのだ、ということも学びました。行き先をはっきりと示してくれるのが目標なのです。

「つまり、やりがいがある仕事をするには、その仕事がどのようにより良い社会を築くのに役立っているのかを理解し、さらにはそれが共通の目標を達成することにつながるものなんだと考えること。そういうことね。で、三つ目の話が価値についてだったわよね？」

「そうです。重要な仕事と明確な目標。それで人は動くわけですが、そういう努力を持続させるものが価値なんですよ。ですから何とかその場を取りつくろって目標を達成したとしても、その仕事には何の価値もないわけです。リスはどんな価値を求めているのか、それを全部お話しすることなどできませんが、何らかの価値を求めていることは分かりますね。例えばリスは仲間の生命《いのち》を大いに尊重します。天敵のタカやオオカミがやって来ても、自分だけ助かろうとは絶対にしません。大声を出して仲間に危険を知らせます。ガンホーになるには、何に価値を求めるか、それを決めることが重要なんです」

「そういう価値はだれが決めるの？　部下？　それともマネジャー？」

「両方です。ですけど、価値というのは、マネジャー単独の責任でもあります。目標を設定することよりも重要です。目標で重要なのはせいぜい二つか三つですけど、価値となるとどれも重要なんですよ。

目標なら、妥協したり相談して決めたりすることもできます。もちろんうまくいかない場合もありますけどね。でも価値となるとそうはいきません。リーダーがこうだと決めたら、部下にはそれに従ってもらわないと困るんです」

ここでアンディはひと息ついて、私に十分に考える時間をくれてから話を続けました。

「ガンホーの組織では、価値が本物のボス（命令者）なんです。社員の行動を導くのはリーダーじゃなくて、価値というボスなんです。リーダーは単なるリーダーで、警察官でも何でもないんです。ただ、組織をまとめなければなりませんね——みんなに同じ歌を歌わせるということです。でも目標とは違って、価値については部下に合意を強要することはできません。一定の基準に従って行動するよう強要することはできますし、そうしなければなりませんが、価値観は人によって違いますからね。もし、部下が上司の価値観を尊重できなければ、その部下は去っていくでしょう。上司にしても、結果に関する目標に向かって仕事をしない社員や、価値に関する目標に敬意を払わない社員を置いておくわけにはいきませんよね」

「実は今日、まさにそれを実行してきたところなの」

私はアンディの上司に当たる部長を解雇したことを早めに話しておきました。

「クビになさったんですか？　そうですか。これからもご自分の価値観を大切になさることですね。何に価値を求めるのか、一度それを全員に伝えたら、自分に都合が悪い結果が出るかもしれないと思っても、そんなことは通用しませんからね」

「そんな問題が起きるとは思わないけど」

「普通はね。ただ、価値が思いがけない事態を招くこともあるんですよ。例えば仕上げ課の価値のひとつに〝仕事の尊厳〟というのがあるんです。もちろん素晴らしい価値には違いないんですが、実は生産性は上向いているのに、一部のチームメンバーの成績が伸びていないことが分かったんです。けっして彼らがサボったからとか、仕事への関心をなくしたからとか、そういう理由ではありません。ほかのメンバーが彼ら以上の成績を上げてくれたから、全体の生産性が上向いただけなんです。そこで問題は、この成績の良くないメンバーをどうするかということなんですけどね」

「難しいわね。断固とした決断が必要だわ」

「いや、よくよく考えてみると、そうでもないんです。もし仕事の尊厳に価値を求めるなら、全員の働く権利を尊重しなくてはなりませんよね。もしそうなら、能力の限りを尽くして精いっぱい頑張っている人にも仕事の尊厳を認めるべきでしょう。そういう場合には、もっと貢献できる別の職に就いてもらうことはできますが、絶対にクビにはできません。彼らの仕事にも尊厳があるからです。ぼくたちの中核をなす価値のひとつです」

「だから成績が伸びない人たちもそのまま雇っているのね。よく分かったわ。あなたの元上司の部長は、役立たずの連中を一掃すれば生産性があと二％上がるのにって、不満タラタラだったけど」

「あの部長は二つの点で間違っていますね」

アンディは笑いながら言いました。

「ひとつは数字。生産性は、二％じゃなくて三％近く上がります。もうひとつは、だからといって、もしそういう人たちを一掃したら、すべての価値が台なしになってしまう、つまりガンホーそのものが立ち行かなくなってしまうということです。そうなると生産性も一七％落ち込みますよ。これはほかの工場にもしっかり当てはまるでしょう！」

「重要なポイントだわ」

私も同感でした。

「価値とはそういうものなんです。苦しいときにも価値は支えていかないとね。そうでなければ、価値とは言えません。単なる口当たりの良いスローガンで終わってしまいます。こじつけの理論といったところでしょうね」

「要するに価値はリーダーが決めるということね。たぶん、ほかの人たちと相談しながら。それからあなたのお話だと、価値こそがボス、つまり全員が従うべきものだということね」

「そうでないといけません。もし価値をボスとして認められなければ、ガンホーなんていう考え方は絶対に根づきませんから」

「ではここまでをちょっとおさらいしてみましょうか。〝価値はリーダーが決めるもの〟です。目標を設定するのとはわけが違いますよ。

目標はそれを口にした瞬間に現実のものとなり、それで設定されたことになりますが、価値の場合にはそうはいきません。自分の意思で価値を決定し、公表することもできますし、それに従って行動する必要も出てきますが、それだけでは設定されたことにはなりません。リーダーが自ら部下の前で模範を示して、初めて現実のものになるんです。目標は将来に向けてのものですが、価値というのは今現在、求められるものなんです。目標は設定するもの、価値は生かすもの。目標は変わっても、価値は変わりません。頑として動かない岩のようなものなんです。

祖父の言葉にこういうのがあります。『渦巻く川にあっても岩は動かない。

小石は転がっていく。いくら小石を岩だと呼んでも』」

「とても見識のあるおじいさんだったのね」

アンディは笑いながらこう答えました。

「ぼくが知っている人のなかでも一番頭が切れる人かもしれませんね。でも、賢人はみんなそうでしょうけど、祖父も人から学んでいました。この岩と小石の話は、きっと祖父が好きだった詩人マンリー・グラントの詩集から引用したものですよ。お見せしましょうか」

アンディは丸太小屋から一冊の本を持って戻って来ると、一遍の詩を見せてくれました。本にはしおりが何枚か挟んであります。

岩と小石

水の流れで小石は転ぶ。右や左に。

けれども岩は動かない。

小石を岩とは呼ばないが、いったい何を求めて転ぶのか？

じっと静かな小石でも、水の流れですぐに転びだす。
小石と岩、違いは呼び名でも目的でもない。
やること、なすこと、その行動にある。
石か岩かは大きさで決まるが、それを決めるのはあなた。
岩にするか、それとも小石にするか？
転がるか、それともじっとしているか？

マンリー・グラント
『大地のうた』

アンディはその本を持って、また丸太小屋に戻っていきました。すると掃除をしている物音が聞こえてきました。私が学んだことについてじっくりと考えられるよう、ひとりになる時間をくれたようです。

ようやくリスの精神の本質的な部分を理解することができました。やりがいがある仕事をするということには、次の三つの意味があります。

●重要な仕事をする
●共通の目標を達成するための仕事をする
●価値に根差した仕事をする

私は〝アンディの開拓地〟にそうっと滑り込んで来る夕暮れを眺めながら考えました。もし作業員たちがリスの精神にのっとって仕事をしてくれれば、工場はどれほど違ったものになるだろうか……。

間もなく、私たちは丸太小屋を出てウォルトンに戻りました。

ハイウェイに入ると、社員一五〇〇人とその家族の姿が脳裏に浮かんできました。彼らの将来は、私が今日アンディから教わったことをいかに理解し、実行に移すかにかかっているのです。これからどうなるのか、もっと悪くなるのかは分かりませんが、私のやり方次第で運命が決まってしまう人たちの顔や名前が次々と浮かんできました。

工場の裏手に到着すると、私はバイクを降りてヘルメットをアンディに手渡しながら、こうたずねました。

「価値を尊重するよう強く求めるのはリーダーの仕事だって、さっき言っていたわよね。でも、私が設定する目標については、そうはいかないと思うの。それを部下の人たちに支持してもらうにはどうしたらいいのかしら?」

「おっしゃりたいことはよく分かりますけど、難しい問題ですね」

アンディはハーレーのエンジンを切りながら、そう答えました。

「ガンホーの組織に近づけば近づくほど信頼の度合いも増してきます。信頼、それが必要ですね。お互いへの信頼の度合いが増してくれば、目標に対しても高い支持が得られるようになりますよ」

「でも、ここの人たちからマネジャーに対する信頼を得るのは難しいでしょうね」

私は暗い気持ちになって言いました。

「確かに難しいですけど、不可能ではないでしょう。ぼくも、自分が設定した目標を支持してくれと部下に命令するなんて無理だと思いましたからね。一定の価値を尊重するよう強く求めることはできても、目標にコミットさせる(責任を持って本気で取り組ませる)ことはできませんでした。ぼくにできたのは目標がいかにお互いの利益になるかを説明し、一緒に頑張ってほしいと協力を呼びかけることだけでしたね」

「そうか……。だからガンホーの組織に仕立て上げるのに五年もかかったのね」

「そうです。ガンホーは一日にして成らず、ですよ。部下には時間を与えてあげないと駄目です。それから、さっきも言ったように、目標がいかに重要なのかを進んで説明し、いかに全員の利益につながるのかを誠意を持って示してあげないとね。〝真実を語ること〟。このことをしっかりと肝に銘じておいてくださいね。

法廷でも『私は真実を、すべての真実を、真実のみを証言することを、ここに誓います』という宣誓をさせられますよね。今お話ししたことは、それと同じことです。すごく厳しいものなんですよ」

しばらく間を置いてから、アンディは話を続けました。

「よく〝言行一致〟と言いますが、真実を語ることはそれ以上のことなんです。まずは何事も正直に話すことから始めるべきですね」

アンディはさらに話を続けましたが、真実を語ることと真実のみを語ることとは違うのだそうです。

「上司は、情報は秘密扱いだから公表は差し控えるとか言って部下を統制しますが、とんでもないことです。これだと権力を誇示しているだけで、信頼を得ることにはつながりません。もし自分の部門をガンホーの組織にしたいなら、真実をすべて語ることです。情報はみんなのものですからね」

有言実行。難しいことです。私にはそれを学ぶ必要がありました。まずは正直に情報を伝えられるかどうかが最大の難関でした。困難な状況では、情報を隠ぺいしたり、自分の意見を述べずに黙っていたり、事態を良く見せかけたりと、物事を正直に話すこと自体が難しくなります。

「はい。真実を話すようにします。ほかには何をすればいいのかしら？」

「信頼を得ること、それがすべてです。正直であることと同時に、部下の福利厚生を第一に考えることです。仕上げ課には〝五カ条の憲章〟というのがありまして、第一条は〝仕上げ課で働くすべての人の健康、安全、生活を守ること〟となっているんです」

「面白いわね。本社では利益が最優先ですものね。株主への還元が第一」

「ああ、本社――スカンクの巣のことですね」

アンディはそう言って笑っていました。

「五カ条の憲章には、利益のことなどどこにも書いてありません。投資利益率のようなことさえ、ひと言も出てこないんですよ。基本的なことをきちんとやっていれば、そういう数字はあとからいくらでもついて来ると思っていますからね」

「当然よ、アンディ。本社では売り上げの一四％を仕上げ費に充てているの。だから、その仕上げ費をどれだけ削減できるかで利益も違ってくるわけ。仕上げ課はドル箱なのよ！」

「以前からそうだったわけじゃないんですよ。以前はいろんな会計報告書を基にしてやっていこうと思っていました。そうしたら、廃棄率とか、時間外手当と原材料費のコスト分析なんかで頭がゴチャゴチャになってしまって。でも今ではそんなことはこれっぽっちも覚えていません。いや、誤解しないでくださいね。会計報告書には貴重な情報が含まれていますから、当然それを見れば現状が分かりますし、そうした情報はチームで共有しなければなりません。仕上げ課には表やグラフ、掲示板などがたくさんあったでしょう。でも、そんな数字よりももっと大切なものがあることに気づいたんです。仕事を単なるユニット（単位）としてではなく、それ以上のものとしてとらえなければならない、ということです」

アンディは再び間を置いてから、大切なメッセージを伝えてくれました。

「数字にとらわれて仕事をするのは、ボールを見ないでスコアボードばかりを気にしながらバスケットボールをするようなものです。もし成功したいなら、まずは基本的なことに目を向けるべきです。その第一の基本がチームなんです」

アンディはそのままバイクにまたがって走りだそうとしましたが、私は彼を呼び止めました。まだいくつか聞きたいことがありましたし、答えも知りたかったからです。

「顧客についてはどうなの？　仕上げ課の憲章は〝顧客第一〟にはなっていないようだけど、それはどうして？」

私はアンディにそうたずねました。

「顧客のことはチームメンバーのすぐあとに出てきます。もちろん組織本来の〝仕事〟は顧客に奉仕することですが、最初に組織が出てくる〝理由〟は、そこで働く人たちに奉仕するのと同時に、その人たちが住む地域社会に奉仕するからなんですよ。

信頼を得るためにやることはたくさんありますが、そのために最も大切なことを二つお話ししましたよね。正直に話すこと、そしてチームメンバーを第一に考えること。そうすれば、あとは自然についてくると」

「みんなから支持を得るなんて、ひと晩でできるようなことじゃないわよね」
私は自分にも言い聞かせるように言いました。

「そうですよ。ただ簡単にできる方法もあります。それは〝恐怖〟を利用することです。溺れる者は藁《わら》をもつかむ。恐怖におびえている人は救済計画にしがみつくでしょう。でもそれで支持を得られたとしても、さっと引いていってしまいます。いくら時間が短いからといっても、そんなやり方じゃ駄目でしょうね」

「確かにね。じゃあ、どこから始めればいいのかしら？」

「さあ……。ぼくは最初、六人で一緒に始めたんですけどね。週に二回ほど、仕事が終わってからみんなで集まって、ビールを片手に話し合ったんです。リスの精神のことを話したら、みんな面白がってね。そこでさらに二人に新たに加わってもらいました。そうやってどんどん人数を増やしていったわけです。

でも、あなたの場合には時間がない……、どうしたらいいんでしょうかね」

どこから始めればいいのか、アンディは本当に何か良いアイデアを持っているのかしら。私は一瞬疑ってしまいました。それに、他人任せにするよりも、自分でやってしまったほうがうまくいくこともあります。私なら大丈夫、きっとできる、とアンディは思っていたのかもしれません。

「オーケー。とりあえずやってみるわ。で、ビーバーの行動についてはいつ教えてもらえるの？」

「最初の大雨が降ったあとで」

アンディはハーレーのエンジンをふかしながら、そういう返事をくれました。

「このへんでは普通、九月半ばに大雨が降るんです。ビーバーの行動については、最初の大雨が降ってからお話ししましょう。それじゃあ、ガンホー！」

アンディはエンジン音をとどろかせながら走って行ってしまいました。

私もアンディを見送りながら叫びました。

「じゃあね、ガンホー！」

九月半ばまでにはあと二週間ほどある。その間にリスの精神に取り組んでみよう。大丈夫。私は自分の車のドアを開けながら、そう言い聞かせました。

「二週間あれば、きっと大丈夫」

翌朝、統括マネジャーに就任してから三日目。初日が終わるころには、とんでもない問題を抱えてしまったものだと思いました。二日目には希望が持てるようになりました。そして三日目。これからいったいどうなることやら……。

早朝、まだだれもいないオフィスでひとりデスクの前に座り、ポスター用紙とクレヨンを手に取りました。

仕上がったポスターをすぐにデスクの上の壁に貼り、リスの絵を丁寧に描きました。われながら上出来。そしてその下には、次のような言葉を書き添えました。

「リスの精神」
やりがいがある仕事をする

1．仕事がより良い社会を築くのに役立っていることを理解する

2．共通の目標に向かって仕事をする

3．しっかりした価値観を持ち、それに基づいて計画し、決定し、行動する

昨日、会議が終わると一斉に退散していった部長たちは、今日も勢ぞろいしてやって来ました。私が一〇分後に集まるようにと召集をかけたからです。

カフェテリアにはコーヒーを注文しました。

「いつもの倍ぐらい濃いのをちょうだい」

彼らの目を覚まさなければなりません。

全員が席に着くと、私は会社の製品が顧客の役に立っているという話をしました。そのうちに、彼らの心にちょっとした自尊心のようなものが芽生え始めたのを感じました。けっして強いものではありませんでしたが、みんな目を見開いていました。

締めくくりの言葉も彼らの注意を引いたようです。

「以上です。この会社について分かったのは、だいたいこんなところでしょうか。そこで、皆さんがどうお考えなのか、次の三つの点についてご意見をうかがいたいのです。まず〝なぜここで仕事をしているのか〟、次に〝私たちの目標は何なのか〟、そして〝私たちはどのような価値を求めているのか〟。この三つです。明日の朝またここで会議を開きますので、そのときにぜひ皆さんのお考えをお聞かせください。楽しみにしています」

自分たちの意見が聞き入れられると分かると、みんな驚いたようすでした。胸をえぐられたような顔やパニックに陥ったような顔。人によってさまざまでしたが、私はただ笑顔で会議を終わらせました。

正直に言いますと、私は彼らが苦悶するのを見ては楽しんでいました。もっと早くからこんな苦しみがあることを知っていれば、もっと彼らに同情する気にもなれたでしょうにね。

正午にモリスおやじから電話がありました。どうやらご機嫌ななめのようす。「第二工場の数字がどうも芳しくない、どうするつもりだ、どうにかしないと、近いうちに工場は閉鎖だ……！」

はいはい、おっしゃりたいことはよく分かっています。どうにかするのが私の仕事です。でもこの仕事に就いてからまだ二日半なんですよ。それなのに、もうこんな問題を抱えて立ち往生しているなんて。

「どのぐらいお時間をいただけますか？」

「クリスマスまでに結果を出すんだ。四カ月ある。十分すぎるほどの時間だと思うがね」

電話を切ると、モリスおやじが高笑いしている姿が目に浮かんできました。

私は仕事をさっさと片づけると、勤務交代の時間を見計らってアンディのバイクのほうに飛んでいって、今の話を伝えました。

「土曜日の映画の見すぎでいつも怒っている。妻にそう言われたっていう話は覚えていますよね？」

「ええ。それで？」

「確かにそうかもしれませんけど、映画から学んだこともあるんですよ。インディアンは毎週戦って負けていましたけど、翌週の昼までには次の戦いの準備をしているんです。モリスおやじはぼくたちをやっつけた気分でいるんでしょうけど、ぼくたちも土曜日までに次の戦いに備えましょうよ」

「でもアンディ、私たちには時間がないのよ。戦うことはできても、四カ月じゃ勝ち目はないわ」

「じゃあ、時間を延長してもらうしかないですね」

「モリスおやじが時間を延長してくれると思う？　無理でしょう」

「四カ月。年末までですね。来年の八月までなら何とかなると思います。あと一年。一年あればできそうですけどね」

「来年の八月までに何ができるっていうの？」

私はそう聞いてみましたが、そのときの言い方ときたら、まるで「自分を何様だと思っているの?」という口ぶりだったと思います。でも、アンディは怒ることもなく、ただ笑ってこう言いました。

「ひとつ秘策があるんですよ。信じてくれます?」

「失うものは何もないし、信じるしかないわね」

私はそう答えながら、精いっぱいの笑顔を返しました。

「ガンホー! これでいいのね?」

「ガンホー!」

アンディは親指を上に向けてオーケーのサインを出すと、後ろを振り向くことなく行ってしまいました。私はその場に立ち尽くしたまま、バイクを見送りながら考えました。もしリスの精神にのっとって工場を運営していく覚悟ができているなら、もう責任者であるアンディを信頼するしかないのかしら……? ビーバーやガンもいるし。アンディなら、きっと取締役会でのモリスおやじの影響力を弱めてくれるはず……。

金曜日の朝、部長たちが続々と私のオフィスに入ってきました。私はテーブルの正面の席に座りました。最初は口数も少なく、言い逃ればかりしていた彼らですが、私が一生懸命に優しく振る舞い、精いっぱい我慢しながら話を聞いてあげると、少しずつですが、彼らが本当の気持ちや考えを話してくれるようになってきたのです。

心の奥底に多少のプライドは芽生えてきたようですが、彼らの本心が表に出てくるまでにはもう少し時間がかかることがはっきりと分かりました。成長を目指した目標を設定することには、ほとんど関心がありませんでした。そのためには、精いっぱい働いて、本当の意味でチャレンジすることが求められるからです。ただ、価値については、かすかな反応がありました。

今後のウォルトンワークス第二工場の再建では、まさに彼らが重要な役割を担うことになるはずです。彼らが一生懸命に動いてくれなければ、そして支持してくれなければ、工場の立て直しなどできるわけがありません。やはりそれはまだまだ先、ずっと先になりそうでした。

私はその会議の席で、翌週の月曜日からは毎日、昼食後に一時間の会議を開いて三つの問題について話し合うことを伝えました。なぜここで仕事をしているのか、長期的な目標と短期的な目標はどうあるべきか、そしてどのような価値を尊重するのか、この三つです。確かに、自分が主張したい目標や価値はいくつかありましたが、まずは彼らがどのような考えを持っているのかを知りたいと思ったのです。

土曜日の昼ごろ、アンディが私のオフィスにやって来ました。

「きっとここにいらっしゃるんじゃないかと思って。週末に仕事なんかしていちゃ駄目ですよ。何をしようっていうんですか？　映画館へ行ってカウボーイが勝つ映画でも観ませんか。それとも、午後を丸太小屋で過ごしましょうか？」

「映画は結構よ。丸太小屋へ行きましょうよ」

土曜日の午後に丸太小屋へ行くようになったのはこのときからです。先日アンディが工場閉鎖の時期を延期してもらおうと言っていましたが、その後その話はどうなったのかと聞いてみました。

「いや、なかなかね……」

アンディは笑いながら答えました。

「でも心配しないでください。もうひとつ考えがありますから」

アンディはもっと自信満々だと思っていたのですが、少し期待外れでした。

丸太小屋に着くと、現状をおさらいしてから翌週の計画について話し合いました。水曜日からは、部長だけでなく課長もこの会議に加えることにしました。あと五〇人増えることになります。そして、その次の週からはもっと範囲を広げて、さらに二〇〇人を加えることにしました。

その日の午後、なぜおじいさんは〝ガンホー〟という言葉を使ったのか、とアンディに聞いてみました。どう考えても、リスやビーバー、ガンとは不釣り合いだと思ったからです。

「確かに不釣合いですよね」

アンディもそれを認めながら、こんな答えをくれました。

「でも祖父らしいとは思いますよ。祖父は第一次世界大戦に従軍していましたから、話には軍事用語がよく出てきたんです。祖父によると、〝ガンホー〟というのは中国語で〝工和（力を合わせる、work together）〟という意味だそうです。第二次世界大戦中にはカールソン海兵隊のスローガンとしても用いられていたらしいですよ※」

私はビーバーの行動についてもっと話を聞きたかったのですが、アンディは禁欲的なインディアンの表情をしながら、祈りの言葉でもささげるかのように重々しい口調で、「ビーバーの行動は、最初の豪雨とともに来る」としか言ってくれませんでした。「もっとほかにやることがあるだろう」と言いたいときには、こういう言い方をする人なのです。

その後の数日間は仕事に忙殺されましたが、楽しいこともありました。パニックに陥ったこともありましたし、心配で眠れない夜もありました。公園の遊び場のそばを通るたびに子どもたちの姿を見かけて、その子たちのお父さんやお母さんも私たちの工場で働いているんだ、という思いにも駆られました。

心配しすぎて無力感に陥ったりもしました。しかし、そんな無力感と闘おうと、毎朝、工場を視察して回りました。それが終わると、通路を横切って仕上

※注　エバンス・F・カールソン中佐率いる第二海兵隊の隊員は、その情熱やチームワーク、輝かしい戦果で知られている。真珠湾攻撃の七週間後に結成されたこの部隊の戦果については、W・S・ル＝フランソワ中尉著『ガンホー』でも取り上げられている。その後、『ガンホー』というタイトルで映画化もされた［戦時中の映画スター、ランドルフ・スコット主演、ロバート・ミッチャム助演］。映画では、隊員が示す限りない情熱やエネルギー、そして滅私奉公の姿が描かれている。それ以来、ガンホーという言葉は、英語としてもしっかり定着している。

げ課が入っている建物へと移動しました。そう、ここぞガンホー発祥の地。やればできるんだということを教えてくれる私のパワースポットです。才能さえあれば、そして時間さえあれば、私にだってできるはずです。

午後には、部長たちを引き連れて、本工場内にある部門をひとつずつ視察しました。作業員たちとも面会し、アンディの勧めで、彼らをチームメンバーと呼んでみることにしました。ウォルトンワークス第二工場がより良い社会を築くのに役立っているのだ、ということを理解してもらうのが目的でした。最初はまったく信用してくれませんでしたが、耳だけは傾けてくれました。そこで、私は会議を開くたびにまずこの話から始め、それを毎回毎回、嫌というほど繰り返しました。

ようやく部長たちの理解が得られたころ、上から押しつけられるのではなく、みんなで一緒に目標を設定することについて話し合いましょう、と今度は工場で働く作業員たちにも呼びかけてみたところ、彼らも私に心を開いてくれるようになりました。長い間ビンの中に閉じ込められていたコーラが、栓を緩めた途端に一気に噴き出したかのようでした。

ところが部長たちと同じように、彼らも、自分たちはどうすればいいのか、何をしたいのかがはっきりしておらず、どちらかというと、会社に対してああしてほしい、こうしてほしい、ということばかり考えていました。自分たちと会社との一体感、つまりみんな同じ共同体の一員なのだという意識を持てるようになるまでには、もう少し時間がかかりそうでした。

ところが、そんな作業員たちが目標設定に参加するようになると、面白いことが起きました。私の言うことを聞いてくれるようになり、仕事ぶりにも変化が見られるようになってきたのです。自分たちも大切に扱われているのだということが分かってきたのでしょうか。少しずつですが、目標設定や自分たちの仕事の本当の意味合いを、全員が理解できるようになってきたのです。

しかし、価値について議論するようになると問題が出てきました。アンディによれば、それは予想どおりだそうです。価値観は人によっても会社によっても違いますし、個人的なことはあまり話したがらないのが普通です。

「我慢ですね。やがてそのときがやって来ます」とアンディ。

それにしても、遅々としたペースでした。二週間がたったころ、みんなの態度が変わってきたような気がしましたが、それもほんのわずかで、いつ元に戻ってもおかしくない程度でした。ビーバーの行動やガンの贈り物がどんなものであれ、年明け以降も工場の操業を続けるなら、全員がもっと頼れるスタッフになってくれなければ困ります。

あまりにもペースが遅すぎる、と私が心配していると、アンディはこう言いました。

「一年ですよ。一年でやるって言いましたよね。忘れないでください」

「ごめんなさい、忘れていたわ。一年ね。でも一年たってもできなかったら……」

「そのときは胸を張って正々堂々と出て行けばいい。でも一年あれば大丈夫。できますよ」

かつてアンディは、毎週土曜日になると、「今週はインディアンが勝つぞ」とか「今週は間違いなくカウボーイが負けるな」とか言いながら映画を観ていたようですが、彼の楽観主義には本当に恐れ入りました。それを共有しろと言われたら厳しいでしょうけどね。

このころには部長たちにもリスの精神のポスターの意味はすでに説明してありましたが、その情報源や、ガンホーの組織をつくるという最終目標については、まだ伏せていました。工場の運営手法について自分たちよりも詳しい人間がいると言ったところで、彼らがすぐに聞き入れてくれるとは思わなかったからです。

しかし私のやろうとしていることには興味を示してくれ、そのプロセスを工場全体に広めることには協力してくれるようになりました。ただ、仕上げ課だけはその対象から外しました。例の部長をクビにしたとき、ここを統括マネジャー直属の部門にしたからです。私は仕上げ課に出向くと、チームメンバーたちとじかに会っていきさつを説明し、当面は口外しないようにとクギを刺しておきました。

「部門と部門の間にライバル意識が生まれて、始める前からすべてが台なしになってしまうかもしれませんからね。ですから、当分の間、この話は内緒にしておいてほしいんです」

すると、全員が口外しないことを誓ってくれました。

私自身も誓いを立てました。ガンホーについて私よりもはるかに詳しいチームメンバーが一五〇人もいるわけですが、彼らに直接いろいろとたずねて詮索したりはしないことをアンディに約束したのです。

「秩序立ててやることが大切です」とアンディ。

そういうわけで、私は〝リスの精神――やりがいがある仕事をする〟を植えつけることに取り組み始めました。まずは、この工場がより良い社会を築くのに役立っているというのを理解すること。二つ目は、共通の目標に向かって仕事をすること。そして三つ目が、しっかりした価値観を持ち、それに基づいて計画し、決定し、行動することです。

最も困難だったのは、情報の流れをつくり出すことでした。当初は基本的な情報だけを流してくれるようにと部長たちに頼みました。ところがこの人たちときたら、私がまるで敵に魂を売り渡そうとでもしているかのように反応し、抵抗を示したのです。

しかし私も覚悟を決めました。もし指示に従わないのなら解雇もあり得ることをほのめかすと、少しずつですが、彼らから情報が出てくるようになりました。

正直なところ、支持を得る一番の方法は脅かすことではないんだ、ということが分かりました。当時の私は未熟でした（もちろん今でもそうですが）。今では自分の行動をもっと意識するようにしていますし、人を尊重するようにも努めています。

次の土曜日、丸太小屋に出かける前に、アンディが見事な空中ショーを見せてくれました。木の葉を一枚拾うと、手のひらに包んでもみ砕き、大空に向かってばらまいたのです。細かく砕けた葉っぱは、そよ風に運ばれていきました。アンディは、葉っぱの破片が地に落ちるのを見届けると、儀式めいた短いお祈りの言葉を唱えました。

「豪雨がやって来る。今日の丸太小屋行きは取りやめ。ビーバーの行動は明日に」

アンディは大きく目を見開き、大げさな身振りで、土曜日の映画に出てくるアメリカ先住民の儀式をまねていましたが、私はそれにしっかりとだまされてしまいました。

「雲ひとつない澄んだ青空なのに、木の葉の破片だけで豪雨になるって予言できるの？」

「天の精霊がすむ魔法の箱がある。これぞ妙薬」

アンディは確信したかのようにそう言うと、天を仰ぎながら大きく腕を広げ、祈りの言葉をささげました。

「天の精霊の名において、われを予言者たらしめたまえ」

「はい、それで？」

私は期待に胸を膨らませながらそう言いました。

「気象予報士のウィラード・スコット。午前七時、チャンネル2です。そのあとローカル局の女性お天気キャスターのサンディが出てくるんですけど、信頼できる天気予報ですよ。妙薬です。で、葉っぱがどうしたかってことですけど、あれは観光客と単細胞のおやじ向けの見世物なんですよ」

アンディの芝居にどのようなリアクションをすればいいのか、私は一瞬考えましたが、今のジョークは面白かった、と精いっぱいの笑顔で答えました。

それにしても、ビーバーの行動のことが気になりました。ビーバーの行動について学べるのは最初の大雨が来たあとだそうですが……。

ビーバーの行動——自己管理と、達成可能かつ挑戦的な仕事の重要性

確かに、魔法の箱にはものすごい威力がありました。午後三時には雨が降り始め、その後、滝のような大雨が六時間も降り続いたのです。工場の近くを流れる川も、穏やかでゆったりとした流れから、荒々しく渦を巻いた流れへと変わっていきました。毎年、九月にはかならずこのような豪雨が訪れるのです。

翌日の昼、私が教会を出るころには空もすっかり晴れわたり、温かい太陽がずぶ濡れになったウォルトンの町を照らしていました。私の心も晴れ晴れとしていました。とうとう大雨が降ってくれたじゃない。これでビーバーの行動が見られるわけね……！

アンディは私よりも一〇分ほど早く礼拝を済ませ、教会の前で待っていてくれました。私も礼拝を済ませ、小走りに階段を駆け下りてバイクに飛び乗りま

した。

「やあ、ガンホー！」

「こんにちは、ガンホー！」

こう声をかけ合うと、私はヘルメットのバックルを締めてアンディにしがみつきました。

「さあ、早く行きましょう！」

行き先はあの丸太小屋でしたが、アンディは昼食にしようと言いだしました。

「午後はたっぷり時間がありますから、ビーバーの行動はゆっくり見られますよ」

「でもね、アンディ。一五〇〇人の社員とウォルトンの町全体の将来がかかっているの」

「まずは腹ごしらえでしょう。ビーバーの行動はそのあとでもいいですよ」

将来の不安を訴えてみたり、脅かしてみたりしましたが、どれも駄目でした。私は持参したサンドイッチを仕方なく頬張りました。でも、もうすぐパズルの次の一枚が見つかるんだ、それがウォルトンワークス第二工場の未来を切り開くことになるんだと思うと、少しずつ安心してきました。

「昼食が終わったら、いつものとおりハンモックでお昼寝ね？」

私は少しとがめるような口調でたずねました。

「いや、やることがありますからね。さあ出かけましょうか」

私たちは早速出かけました。丸太小屋の裏手の森をさっと通り抜け、小径を下っていくと、丸太を並べた古い林道がありました。そこを二キロほど歩いて右へ曲がり、もう一本の小径を歩いていくと、小さな池のほとりに着きました。池の周りは、細い土手のようなものでぐるりと囲まれています。

昨日の大雨で、池の水面が高くなっていました。水中には木が何本も立っています。池の周りの土手がところどころ流されていました。池の向こう側には大きな木があり、その木の高さ三メートルぐらいのところに、何枚かの板が大きな枝と幹の間に渡してあるのが見えます。手作りのはしごがかけてあり、そこまで登っていけるようになっているようです。

「着きましたよ。あそこまで登ってみましょう」とアンディ。

素晴らしい見晴し台でした。大雨で決壊したビーバーのダム（注　ビーバーは巣作りのためにダムを作る）がよく見えます。水位は水深計の四・五メートルのところまで上がっており、それにさらに水面から六〇センチぐらいのところまで大小の小枝や泥が絡まって、先も見通せないほどでした。決壊したあとの土手の基礎には、すでに新しい木の枝が固定されています。

私たちは足を組んでそこに座ると、アンディが望遠鏡を手渡してくれました。

「ビーバーはいつも夜にダムのメンテナンスをやるんですけど、今回は被害が大きかったから、昼間のうちに始めたみたいですね。あそこに見えるのがビーバーの巣です」

「あの棒切れがたくさん積み上がっているところ？」

「そうです。入口は水面の下にあるんですけど、巣の中にある床は水面よりも高いんですよ。水で扉が開かないようにして、敵の侵入を防いでいるんです。外側から屋根をもぎ取っても、やつらは水に潜って逃げだしますよ。水面の高さをコントロールすることが、やつらにとってはとても重要なことなんです」

「リスの精神ね」

「まさに。でも、ビーバーはリスよりも、もっと複雑な社会や共同体を作っているんです。ビーバーの世界ではもっといろんなことが起こりますから、学ぶこともたくさん出てくるでしょうね」

私たちは静かに座ってしばらく待ってみました。これからの数時間で何を学ぶか、それですべてが決まってしまうのです。

私がつい残り時間のことを忘れそうになると、かならずモリスおやじが思い出させてくれました。

「盛んに楽しそうな会議をやっているそうじゃないか？」

金曜日、おやじから電話がありました。どうやら不満タラタラのようす。

「もっと必死に働いてくれれば工場を救えるかもしれんのになぁ。まあ、君のやり方じゃ無理だろうな。とにかくやってみたまえ。どんどんやれ。せいぜい会議を開くことだな。クリスマスももうすぐだ」

おやじはクリスマスプレゼントに何をくれるのでしょう。だいたいの見当はつきましたが、私はそんなおやじの楽しみを奪ってやろうと心に決めました。

時間はおやじの味方でした。でもアンディは相変わらず、自分には秘策があると豪語しています。もし何のアイデアもなければ、三カ月半では何ひとつできません。

急に袖を引っ張られて、私はわれに返りました。茶色い頭の動物が、水面に姿を見せたのです。ビーバーでした。毛が濡れています。ビーバーが動きだすと水面が泡立ち、さらに続いて三匹がちょこっと頭を出しました。

アンディは落ち着いた口調でこう言いました。
「リスの精神とビーバーの行動とが一緒になって、初めてガンホーへの道を進んでいけるんです」

〝大忙しだ〟〝目が回るほど忙しい〟というのを、英語では〝ビーバーのように忙しい（as busy as a beaver）〟と表現しますが、なるほど、ここでビーバーを観察していると納得します。リスと同じようにビーバーも本当に疲れ知らずです。

水位が高いので、木の枝はいくらでも手に入りました。この枝を歯で噛み切るわけですが、まあ、そのけたたましいこと。そして水の上を泳ぎながら、噛み切った小枝を引っ張って作業場へと運びます。でもせっかくダムの上に小枝を置いても、波に洗い流されてしまうことも。そんなときは、ビーバーも困り果てたようすを見せます。そうやって小枝の扱い方を覚えていくのでしょう。

そして次の小枝を探しにまた仕事に戻っていくのです。

そんな仕事を続けるビーバーの情熱とエネルギーに、私はすっかり魅了されてしまいました。すると、アンディがまた落ち着き払ってこう言いました。

「ここではだれが指揮をとっていると思いますか？　ビーバーの行動を見ていれば答えが分かりますけどね」

ビーバーの親分はどれかしら？　どのビーバーが指揮をとっているのかは、すぐには分かりませんでした。三〇分ほど観察していましたが、やっぱり分かりません。どのような行動パターンで動いているのかも不明で、結局は何も分からずじまい。これには本当に参りました。

「ごめんなさい、アンディ。分からないわ。指揮をとっているビーバーなんているのかしら。いるようには見えないんだけど」

私は穏やかな口調でそう言いました。

「どのビーバーも指揮をとっていないとすると、じゃあ、次は何をするか、どのようにするかは、どのビーバーが決めるんでしょうね？」

アンディはすかさずそう返してきました。

「……自分で決めるの？」

私は思い切ってそう答えてみました。

「正解！　よく分かりましたね」

アンディが熱くなって大声を上げると、一匹のビーバーがピシャリと水面にしっぽをたたきつけ、警戒音を出しました。すると、近くにいた四匹のビーバーが慌てて水中に潜ってしまいました。

「しまった！　驚かせちゃったかな」

アンディはいつもの声でそう言いました。

「まあいいや。二〜三分もすれば、また戻ってきますよ。さあ、少し話をする時間をくれるかな」

「ビーバーの行動って、自己管理をするっていうこと？」

私はそう聞いてみました。

アンディは返事をする代わりに、リュックサックに手を伸ばして木彫りを取り出しました。アンドリュー・ペイトン作のビーバーの木彫りだというのは、ひと目見てすぐに分かりました。後ろ脚で立ち、しっぽで体を支えています。前脚で小枝の先をしっかり押さえて、前歯で小枝を噛んでいます。やはり細かく彫られていました。素晴らしい作品です。

何度見ても感嘆するばかりでしたが、私は早速裏返しにして見てみました。作家の名前や日付ではなく、そこに添えてある言葉、つまり二つ目の秘訣が見たかったのです。さっそく読んでみました。

ビーバーの行動――自己管理をしながら目標を達成する

アンディはこう説明してくれました。

「どのビーバーも、自分の運命をしっかりとコントロールするすべを身につけていますし、そのためにはどうするべきかもきちんと心得ています。それぞれが独立して仕事を請け負っているようなものなんですよ」

それがビーバーの行動……。でも、具体的にはどういう意味なのかとたずねると、アンディはしっかりと答えてくれました。

「いくらみんながリスの精神を持っていても、マネジャーが何でも教科書どおりにやらせようとしたら、その組織はガンホーにはなりません。マネジャーのやり方と社員のやり方とが違っていることもありますしね。もしそうだとしたら、生産性など上がらないでしょう。

それに社員のやり方のほうがはるかに優れている場合もあります。はるかに、ですよ。杓子定規だったり、狭量だったりするマネジメントほど手に負えないものはありません。上司のやり方に従うようにと強制ばかりしていたら、社員の自尊心など育つわけがありませんよね」

「痛っ……！　まるであの工場のことを言われているみたい！」

「まさに。そのとおりでしょう？」

アンディはその特徴であるきっぱりとした口調でそう言いました。

「ここのビーバーたちは、だれかに命令されてダムの補修工事をやっているわけじゃないんです。それぞれの判断でやっているんですよ。やりたいようにやっているんです。小枝を運びたければ、小枝を運ぶ。何でも自分で判断して、自分でやっているんですよ。

ビーバーは自分で決めて自分でやる。命令されたからやるのではない。これを理解することが大切です。ビーバーの行動というのは、社員それぞれが自己管理をしながら目標を達成しなければならないという意味なんです。祖父の言葉によれば、〝正しいやり方で正しい仕事をする〟ということになりますけどね」

「あの工場と違うのはそこね」

「そう。そこがあの工場と違う点です。あそこの社員はチームメンバーなどとは呼べません。単なる作業員です――命令に従うようにと命令されているだけですからね。これでは仕事に興味を持てるわけがないでしょう。充実感もありません。でも、いったん仕事のやり方について彼らに言いたいことを言わせ、やりたいようにやらせてしまえば、マネジャーはもう命令する立場には戻りたくなくなるはずです」

「こちらから方向性を示すことはできないの？　あなたのお話だと、作業員のことをチームメンバーと呼んではいるけど、工場は全部作業員に任せてしまえと言っているように聞こえるんだけど。そうなの？」

「それは違います。統括マネジャーとしてあなたがやるべきことは、真のリーダーがやるべき仕事です。部下たちに、やりがいがある仕事をすることの意味を理解させること。会社の方針を決めること。チームが目標を共有していることを確認すること。何に価値を求めるかを決めるときに手助けすること。経営資源をきちんと分配すること。よく相談してルールを決めること。組織の内外から必要なサポートを得やすい環境を整えること。将来を見据えてトラブルを未然に防ぎ、方向転換に備えておくこと。まあ、そんなところでしょうかね。チームについてはどうでしょうね？　本当に仕事をする部下には仕事をしてもらわなければなりませんね。リーダーとしてやるべきことは、工場の方向性を示すことです。そして、その方向に向かって進んでいくのがチームメンバーの仕事なんです」

アンディの話はこれで終わりかと思いきや、講義はさらに続きました。その講義こそ、私がその日学んだことのなかでも、とくに重要かつ有益なものとなりました。

「大きな目標と価値を設定して、仕事の範囲とルールを決めるんです。つまりスポーツに例えると、どの選手にどのポジションを任せるかを決めるわけです。そうしたらフィールドの外に出て、あとのボールコントロールは選手に任せればいいんです。

目標と価値はサイドラインみたいなものです。選手たちはルールにのっとってプレーをしているかぎり、サイドラインを割らなければ自由に動くことができます。またプレー中は選手以外の人間がフィールドに入ることはできません。このことを選手も知っておく必要がありますね。

　もし部下に仕事を任せたいなら、自由に仕事ができるようにしてあげなければなりません。ただ、その自由というのは、どの範囲で仕事をさせるのかがはっきりしていなければ与えられませんね。上司は部下の仕事の範囲を限定し、どこまでやらせるのかを決めます。そうしたら、もうその範囲には立ち入らず、その部下から仕事を取り上げたりはしないんです」

「ちょっと矛盾しているようにも思えるわね。仕事の範囲を限定しておきながら、自由にやらせるというのは」

「どこまでやってもらえばいいのかという意味を考えてみると、上司がどこまでやらせるつもりなのか、ということになりますね」

　そう言うと、アンディはまたおじいさんの言葉を引用しました。

「神はビーバーの頭のなかに完璧なダムの絵を描かれた。そして水の流れと木々を与え、あとのことはすべてビーバーにお任せになった」

　しばらく間を置いてから、私はこうたずねました。

「目標や価値を設定して仕事の範囲が定まっていたとしても、ビーバーのようにみんなが自分で勝手に決めて勝手にやっていたら、会社は大混乱に陥るんじゃないかしら」

「もしぼくたちがビーバーだったらそうなるでしょうけど、ぼくたちはビーバーじゃありません。人間です。人間はほかの動物とはいろんな点で違います。親指とか言語とか、地球上のどんな生物よりもはるかに優れた特徴を持っています。目標達成に向けて一緒に協力する、というのも優れた特徴のひとつです。それに、思い出してみてください。リスの精神にのっとって、十分な理解を得た共通の目標をもう設定したじゃないですか。もちろんなかには一匹オオカミのような人間もいるかもしれませんが、そんなに大勢でなければ、けっして工場にとっては悪いことばかりじゃない。みんな自然と協力し合って仕事をしていくでしょう。

ですから、それをうまく生かすようなマネジメントをするのが、本当の秘訣です。ところがこれと反対のことをしているマネジャーが多すぎますよね」

「そのとおりね……とは思うんだけど、やっぱり厳しいわよ」

私はそう感想を述べました。

「確かに厳しいですね。あなたにとっては簡単なことじゃありません。上司にとっても自己管理をするのは大変なことです。強い自制心が求められますよね。でも、それをやらされる部下のほうがずっと大変かもしれませんけどね」

「どうして？　結果的に上司に管理されなくなるわけでしょう。どうしてそれが大変なの？　それを最も望んでいるんじゃないの？」

「ほとんどの部下はそれを望んでいます。最初はうまくいきませんが、だんだんと慣れてきます。ところがそうなるまでに時間がかかるんですよね。新たなやり方が分かってきても、やり方そのものが嫌だという場合もありますしね。今までどおりの慣れたやり方のほうがやりやすいですから」

池の向こう側の水面に、ビーバーが顔を出し始めました。私たちは話をやめて、仕事をしに戻ってきたビーバーを観察することにしました。ビーバーの行動をおさらいしてみると、それぞれが自己管理をしながら目標を達成する、そして正しい仕事を正しいやり方でする、ということのようです。

しばらくすると、そのうちの一匹が危険を察知したのか、しっぽで水面をたたいて仲間に知らせると、そのまま水中に潜ってしまいました。ほかのビーバーも急いであとに続きました。

「ぼくたちもそろそろ戻りましょうか。歩きながら話しましょう」

アンディはそう言うと、木彫りのビーバーを包んでリュックサックにしまいました。私は戻りたくはありませんでしたが、アンディは再びここを訪れることを約束してくれました。

「今度は夕方に来たほうがいいですね。ダムが決壊しないと、ビーバーも昼間は姿を現しませんから」

私たちは池を回り、林道を通って戻りました。アンディは講義を続けました。

「祖父がこんな言葉を残してくれました」

「ビーバーの行動とは、ビーバーを創造する神の計画を実行に移すものである」

私は歩きながらこの言葉について考えてみました。

「へえ、面白いのね。おじいさんによると、リスの精神が森を創造する神の計画を実行に移すものだったのに、ビーバーの行動もビーバーを創造する神の計画を実行に移すものなのね」

「リスのほうは社会の必要性について説いたもので、ビーバーのほうはその社会を構成する個人のことを説いたものなんです。ビーバーの行動を見ていると、組織に対する個人のかかわり方が分かります。一度このことを理解すれば、今度は逆の側面から、つまり個人に対する組織のかかわり方も見えてくるようになりますよ」

アンディはそう答えてくれました。

「つまり?」

私は次の答えを促すように言いました。

「考えてみてください。それぞれのビーバーがほかのビーバーからどう扱われているか。どう思いますか?」

「すごく良いんじゃない?」

「どういう意味で?」

「そうね。ビーバーは噛みついたり争ったりはしていないようね、リスとは違って。リスはいつも仲間が近づいて来ると追い払っていたけど、きっとヒマワリの種がみんなに行き渡らないからかしら」

「リスの親分が一匹いるだけならいいんですけど、みんなが親分になりたがったら大変ですからね。ほかには何か？　ほかのビーバーの邪魔はしていませんでした？」

「いいえ。ビーバーが小枝を置くと、仲間はそれを動かしたりしないで、そのまま置いておくの」

「そのとおりです。ビーバーはお互いに尊重し合っているんです。自分のやることが批判を浴びていたら、自己管理なんてとてもできませんよね。それに、良い小枝を見つけたら、ほかのビーバーに見えないように隠したりもしないんです。仕事をするために利用できるものはみんなで利用するんですよ。なかには正確ですぐに役に立つ情報もあります。隠し事もしません。きちんと自己管理をしているから、仲間のビーバーからも支援を得られるんです」

続いて、アンディはこんな話をしてくれました。

「思い出してみてください。本当の意味で自己管理をしながら仕事ができるのは、人として尊重してくれるような組織です。そういう組織でなければ、人の考え方や感情、欲求、夢が尊重されたり、耳を傾けてもらえたり、それに基づいた行動がとられたりすることはありませんよね」

二人とも黙って歩いていましたが、私は今聞いた話を頭のなかでおさらいしてみました。ビーバーの行動は、個人と組織の関係をその両側から見ることを教えてくれているのか……。ひとつは個人が自分で自分を管理し、それによって目標を達成すること。もうひとつは組織がそれを認め、そうするように個人を激励すること。この二つがあって、初めて人の考え方や感情、欲求や夢が尊重され、耳を傾けてもらえ、それに基づいた行動がとられるようになるのね。

「これこそマネジメントの黄金律だわ。そうよね？」

「考えたこともありませんでしたけど、確かにそうですね。個人を人として尊重すること。それで十分です。それをやっていれば大丈夫だと思いますよ」

私はちょっと笑い声を上げました。

「何がおかしいんですか？」

アンディはびっくりした顔でたずねました。

「ごめんなさい。おじいさんの話がおかしかったわけじゃないのよ。モリスおやじの黄金律とはずいぶん違うなと思って。おやじが言う黄金律って、〝黄金を持つ者が規則を作る〟っていうことなんですもの」

「おやじらしいな。さっきも言いましたけど、自己管理は大変です。強い自制心が必要です。おやじは、自分自身をあまり評価していないんじゃないかな」

そんなことは考えたこともありませんでしたが、きっとアンディの言うとおりかもしれません。おやじは、人が意気消沈しているときに限って偉そうに振る舞うような人に思えてきました。

朽ちかけた林道までやって来ました。豪雨に洗い流され、ぬかるんでいるところもありました。アンディは先を歩いて、私の手を取って渡れるようにしてくれました。

「ビーバーの行動については、二つの面からお話ししてきましたけど、実はもうひとつあるんです。コインの裏表と言うよりも、三角形の一辺と言ったほうがいいですね。

その三つ目とは、ビーバーは自分ができる範囲の仕事をしているということです。ビーバーは木と泥でダムを造ります。コンクリートのダムを造ってくれと頼んでもそれは無理な話で、目標を達成するために自分の仕事をコントロールすることはできません。ビーバーの行動とは、ビーバーにできることしか求められないということです。その人の能力やスキルを超えた仕事をしろと言っても無理に決まっていますよね。もちろん訓練する必要はありますけど」

「そうね、分かるわ」

アンディはフンと鼻を鳴らすと、ひと呼吸置いてから話を続けました。

「分かっていただけたとは思いますが、工場の実態を調べてみてはいかがでしょう。ノルマによっては、一日八時間で一〇時間分の仕事をやらせることもあるんですよ。だれも、どの部門も、そんなノルマを達成したことはありませんけどね。何も知らない本社のバカどもが一〇年前に押しつけてきたんですけど、今でもそのまま変わっていないんです」

「分かったわ。調べてみる」

アンディは早足で歩いていましたが、ペースを落とす気配はありませんでした。

「工場には逆の問題もあるんですよ。こっちのほうが手に負えない問題です。どんなに忙しい日でも、昼までにノルマを達成させるというものです。そんなノルマを達成したって、うれしくも何ともないでしょう。人をバカにしていますよ」

言葉を吐き出すかのように、アンディは泥土を沼のほうへ蹴り飛ばしました。

「仕事をしなくて済むなら、そのほうがうれしいんじゃない？」

「表面的にはそうでしょうけど、本心は違うでしょう。自分だけがぬるま湯に浸っているのが分かったら、自尊心が傷つくに決まっています。給料分の仕事をしていないんですから。お偉いさんたちは、金は自分で稼ぐんだとか言っていますが、働く人の自尊心はズタズタですよ。公平な賃金に応じた公平な仕事ができなければ、人間は品位を落とすだけです。こんなことが簡単に許されるわけがない」

「興味深い話だわ。今、父の言葉を思い出したんだけど、分相応の税金を納めるのは、それなりの暮らしをしているからだってよく言っていたわ。税金を納めるのは良い暮らしをしている証拠だ、なんていう話は聞いたことがないけど、確かに父の言うとおりよ。私も税金を納めていることを誇りに思うわ。社会に貢献しているっていうことですものね」

「何もしないでお金をもらうことほど、人間の品位を貶めるものはないですよね。組織も同じです。部下に貢献もさせず、能力をフルに発揮できるような仕事もさせない。人をバカにしているとしか言いようがない」

アンディも同じ考えを示し、さらに戒めるように話を続けました。

「スキルについても同じです。部下に訓練も受けさせないで良い仕事を期待するなんて、上司の怠慢以外の何ものでもないでしょう。工場に戻ったら、訓練の予算を調べてみてください！　工場全体の一年間の訓練費が、ぼくの一ヵ月分の食費と日用雑貨費よりも少ないんですから。

三年前のことですが、H作業場に新しいプレス機が来たんです。みんな『コンピュータ制御の操作マニュアルがあってよかった』とか言って喜んでいたんですよ。もちろん使い方の訓練なんかしていません。そんなことを平気でやっておきながら、部長は『どうして生産性が上がらないんだ』と首をかしげているんですからね。まったく、ゼロにならなかったほうがよっぽど不思議なぐらいなのに」

「それはどういうこと？　もしきちんと訓練を受けさせても、部下にほとんど期待しなければ、明らかに人をバカにしているということでしょう。でも、あなたの話だと、あまり高望みするのも良くないのよね。その中間あたりがいいということ？」

「いや、中間がいいということではありません。簡単な仕事ばかりでは達成感を味わうことはできませんし、それだとガンホーに仕立て上げることもできません。彼らの能力を伸ばしてあげるんですよ。精いっぱいの能力が求められるような仕事を与えてスキルを磨いてもらい、そのうえでさらに新しい仕事を経験させるんです」

アンディのアドバイスには、私自身の経験からも納得させられました。

「なるほどね。私も大きな課題にチャレンジしているときが一番幸せですもの。もちろん、できると思ってチャレンジしているわけだけど。あの工場を立て直そうとしている今の自分みたいよ。ワクワクする。久しぶりにやりがいを感じるわ」

「すごいチャレンジですよね。でもあなたならきっと大丈夫だと思いますよ。ただ、その前に工場が閉鎖されなければの話ですけどね。人生では、今度こそカウボーイに勝つぞと言って、戦いの準備をすることも必要です。自分で脚本が書けないならなおさらですよ」

アンディはワクワクしていた私を現実に引き戻してくれました。厳しい現実でした。私たちの時間は限られているのです。

そう思ったまさにその瞬間、森も「おまえの心はお見通しだ」と言わんばかりに、同じように冷酷な現実を突きつけてきました。

ちょうど林道を離れて、丸太小屋に向かう小径に差しかかると、灰色の大きな鳥が悲しそうな鳴き声を上げながら飛んできたのです。

「あれは何の鳥？」

私がそうたずねると、アンディも足を止めてその鳥をじっと見つめました。すると、鳥は大きな羽でゆっくりとリズムを取りながら、小路に沿って左の方角へと飛んでいってしまいました。

「フクロウです。カラフトフクロウという種類ですよ」

「フクロウって、優しくホーッ、ホーッて鳴くものだとばかり思っていたけど、今のはこの世の心配事をすべて背負っているかのような鳴き方ね」

「そうなんでしょうね、きっと」

アンディは真面目な顔をしてそう言いました。

「クワキウトル族の言い伝えに、フクロウは人が死ぬときにその人の名を呼ぶ、というのがあるんですよ」

「マーガレット・クレイヴンね」

私は何年か前に読んだ『ふくろうが私の名を呼ぶ』（角川書店）の作者の名を思い出しました。カナダのブリティッシュコロンビア沿岸に住む、あるアメリカ先住民の集落を描いた作品です。アンディもきっと同じ作者の名を思い浮かべたのでしょう。

「素晴らしい小説ですよね。もしあなたがインディアンだったら、フクロウの見方がこれまでとはまったく違ってくると思いますよ」

アンディは小路を下りながらそう言うと、いきなり深刻そうな顔をしてこんな話を始めました。

「祖父は、フクロウを彫り終えた、ちょうどその日に亡くなったんです。きっとフクロウが仕上がりを待っていてくれたんでしょうね」

アンディは、日曜日には教会の聖歌隊で讃美歌を歌い、火曜日の夕方には青少年のために聖書教室を開いていました。それと同時に、何世代にもわたってロングクロウ一族を導いてきた自分たちの伝統と教えを尊重し、守り続けてきたのです。

私たちは丸太小屋に戻ると、さらに話を続けました。私は不気味な姿をしたフクロウのことを思い浮かべたり、これまでに教わったことをおさらいしたりしながら、新しいポスターを描こうかと考えていました。かわいらしいビーバーの絵が描けそうです。

「ビーバーの行動」
自己管理をしながら目標を達成する

1．はっきりと決められた範囲のなかで仕事をする

2．働く人の考え方、感情、欲求、そして夢を尊重し、それに耳を傾け、それに基づいて行動する

3．達成可能だがチャレンジになるような仕事をする

これを一四週間以内に実行に移すのが私の仕事！　ガンの贈り物は、そのスピードを速めるのに役立つのかしら。丸太小屋のポーチに戻ってからアンディに聞いてみると、アンディは大きくうなずきながら答えてくれました。

「すごく役立ちますよ。でもガンの贈り物について学ぶのは、一一月の第一週になってからです。一週間ぐらいは前後するかもしれませんけどね」

「どうしてそんなに先なの？」

私は不満の声を上げました。

「そのころにならないと、ガンがカナダから飛んでこないんですよ」

アンディの声からはやや戸惑いが感じられました。「まったく、都会の人間は何も知らないんだな」とでも言いたげでしたが、口には出しませんでした。

「分かったわ、一一月までは駄目なのね。運命の日までは八週間ということね」

私はそうぼやきました。

「一年ですよ。ぼくは一年のつもりでやっていますけどね」

「でも、もし駄目だったら？」

「……そのときは、胸を張って正々堂々と出ていけばいい！」

今度は私も笑顔で、アンディと一緒に声を上げました。

それでも、町へ戻る途中、私はだんだんと憂うつになってきました。もうすぐフクロウにウォルトンワークス第二工場の名前を呼ばれるんじゃないかしら……。アンディは私のそんな不安に気づいていたようです。

「〝あなたが〟勝利を信じてくれなくちゃ、戦いになんて勝てませんよ」

アンディはバイクを止めながら、励ましてくれました。

「勝てるわ、アンディ。問題は時間よ。時間がないの。リスの精神はもう実行に移しているし、今日はビーバーの行動について教えてもらったわ。でも時間が足りないのよ」

私は苦悩に顔を歪めながらそう訴えました。

「自分の感情を抑えることはできますよね。感情を表に出したらおしまいです。それはみんなにも伝わりますから。今、自分が何をしているのか、よく考えてみることです。いいですか。あなたは今、ステージに立っているんです。これから演技をするんですよ。ぼくが仕上げ課の立て直しに手をつけた当初は全然駄目で、朝はもう起き上がるのも嫌でしたね。本当に孤独でしたよ。だれもかまってくれませんでしたしね。どうして自分だけがこんなに苦労しなくちゃならないんだ、と悩みました。それでも職場ではできるだけ明るい顔をして、毎日問題に取り組んでいたんですよ」
「どうしてそんなに没頭できたの？」
「そうやって自分の精神状態を保っていたんです。家族を失ってしまいましたから、何かに没頭していないとやっていられなかったんですよ。自分も死んでしまったほうがましだ、と思ったこともあります。でも、人のために何かをしなくちゃいけないと思って。そうこうしているうちに祖父が亡くなって、気づいたんです。祖父にとってはぼくがたったひとりの孫ですし、祖父とぼくの二人がこの世に遺せるものといったら、ガンホーぐらいしかないと。もし遺伝子とかDNAを遺せないなら、せめてガンホーだけでも遺そう、ガンホーなら遺せるんじゃないかとね」

この話に励まされたのか、私の考え方は一変しました。アンディは口にこそ出しませんでしたが、「ガンホーを後生に伝えるのを手伝ってほしい」と言っているのがはっきりと分かりました。

「アンディ、よく分かったわ」

私は努めて明るく返事をしました。

「それじゃあ、ガンホー！」

アンディはそう言って、バイクを発進させました。

「じゃあね、ガンホー！」

私も叫びました。

いつものように、アンディが後ろを振り向くことはありませんでした。


翌週の月曜日。目を覚ますと、庭の生け垣の上から太陽が昇って来るのが見えました。私は聖書を手に取り、母が好きだった一節を読んでみました。

「この日は主が創りたもうた日なり。この日を存分に喜び、楽しみとなさん」

もっと大きな声を出さなくちゃ。私は自分に言い聞かせると、次は大きな声で朗読しました。

「よし！」

これですっきりしました。これなら遠くにいるフクロウも驚いて逃げだすでしょう。

私は身支度を整えると、クレヨンとポスター用紙を手に取りました。今日の午後の会議までにポスターを仕上げておかなければなりません。

会議の冒頭で、私はこう切り出しました。

「今日はもうひとつ、取り組んでいただきたい課題があるんです。目標を達成するには何をするべきなのか、それが課題です」

部長たちは不安やら心配やらが入り混じった表情をしながら、私を見つめました。

私はゆっくりと全員の顔を見回してから、また話を続けました。

「実は、ひとつ考えていることがありましてね。私たちの目標を達成する方法についてですが、まあ、だれにでもできることですから心配は要りません」

ああ、よかった。危なかった。もう大丈夫だろう……。みんな胸をなで下ろしたようです。肩の力も抜け、額のしわも消えたようですね。

こうして全員のホッとした顔を見極めてから、私はいきなり一撃を加えてやりました。人をいじめて喜ぶなどというまねはするべきではないのですが……、やってしまいました。

「それでは私が考えていることをご説明しましょう。実は、皆さんおひとりおひとりに、何をしたいのか、どうしたいのかを決めていただきたいんです。ご自分の部門のことですから、私よりもはるかにお詳しいでしょう。ですから私があしろ、こうしろ、と指示を出すのはばかげていると思うんです」

その場が落ち着くのを待ってから、私は再び口を開きました。

「そこで、ひとつ提案があります。皆さんの部下は作業場のことをよくご存じですよね。実際にそこで仕事をしているわけですから、ここにお集まりの皆さん、あるいは私なんかよりも一〇〇倍も詳しいはずです。ですから、彼らにも参加してもらってはどうかと思いましてね。彼らに何かアイデアや計画があるのかどうか、聞いてみてほしいんです。もしあれば、そのほうが私たちが必死になって考えだすよりもずっと生産的なものだと思うんですが、いかがでしょう？　私の言っていることを信じていただけますか？」

作業員たちと相談するなど、当然部長たちがやるようなことではありませんでした。実際、過去にもそんな経験は一度もありません。私はそんな彼らに異論を唱えるすきを与えず、すぐさまビーバーの行動に話を移しました。

「リスの精神についてはお話ししましたね。仕事の本当の意味を理解し、共通の目標を掲げ、しっかりした価値観を持って、それに基づいて計画し、決定し、行動すること。それが〝やりがいがある仕事をする〟ことにつながるんだ、という話でした。何を突拍子もないことを、とお考えかもしれませんが、強力なマネジメントの手法を実にうまく説明しているのが、このリスの精神だということには納得していただけると思うんです」

かすかにうなずいている人が何人かいました。少なくとも彼らの賛同と注目は得られたようです。

「今日はビーバーの行動についてお話ししたいと思います。リスの精神はビーバーの行動を実行に移して、初めて生きてくるものです。まずはポスターをお見せしましょう。これは今朝、自分のオフィスに貼ろうと思って私が描いてきたものです」

部長たちは熱心だったとは言えませんが、興味深そうに話を聞いてくれ、会議が終わるころには、現場の人間と相談してみることに同意を示してくれました。これからどうなるかはまったく分かりませんでしたが、やることはやりました。せめてあと六カ月あるといいんですけどね。六カ月あれば、彼らを味方につけることも可能かもしれません。

次の土曜日、私たちは丸太小屋で今後の計画を練りながら、ようやくガンホーの組織をつくることを目指してリスの精神とビーバーの行動を結びつけるときがやって来たことを確認しました。そこでまずは翌週の月曜日の午後、一七人の部長全員を連れて、仕上げ課見学ツアーを実施することにしたのです。

それにしても、ウォルトンワークス第二工場ではこれまでいったい何をやっていたのでしょう――いや、むしろ何をやっていなかったのでしょう。統括マネジャーに就任して以来、これにはあきれています。一七人の部長は、社内でも一番の生産性を誇る仕上げ課の目と鼻の先にいながら、そろいもそろって生産性の低い部門ばかりを管理しています。しかも、そのことを何とも思っていないのですから。きっと仕上げ課で何をやっているのかを調べてみようと思ったことすらないのでしょう。まったく、彼らには何を学ばせ、自分の部門に持ち帰ってもらえばいいのでしょう。

「もしあなたがアメリカ先住民じゃなければ、みんなこぞって仕上げ課に押しかけていたかもね」

あるとき私はアンディにそう言ってみました。

「どうかな」とアンディは半信半疑。

「〝インディアンというだけで信用しない〟なんていう人はいないでしょうけ

ど、ここの部長たちは、自分は優秀だと思ってうぬぼれているから、ぼくのことなんか気にもかけないんじゃないですか。ましてやぼくはインディアンだし」

アンディの言うとおりだったようです。部長たちは経営陣の顔色ばかりうかがって、足元を気にするどころではありませんでした。気の毒ですが、自分たちと関係のない仕上げ課など、足元が薄暗くてよく見えていなかったんですね！

それなら、足元がよく見えるように、そろそろ彼らを現実に引きずり戻さないといけません。私はそう判断しました。もしうまくいったら、彼らが現実を直視しているうちにガンホーの話でもしてみようかしら……。そうすれば恐怖心も少しは和らぐでしょう。どちらに転ぶかは分かりません。私はバランスを取って物事を進めていかざるを得ませんでした。

「今日は良い知らせと悪い知らせがあります」

月曜日の会議の冒頭、私はこう話し始めました。

「まずは悪い知らせから」

部長たちはみんな一斉に顔を上げると、いったい何を言いだすのかと、かたずをのんで私を見つめていました。

「実は、年末までに生産性を大幅に引き上げて、新しい原価計算方式で黒字を達成しなければなりません。さもないとこの工場は閉鎖されます。これは本社の決定です」

どの顔からも衝撃が見て取れました。そして突然、質問やら発言やら、一七人が一斉に声を上げ始めました。私は手を上げて、静かにするようにと制しました。

「良い知らせもある、と言いましたよね。この工場を救って、私たちも失業しないようにするには、生産性をほかの工場と同じぐらいのレベルに引き上げればいいんです。それだけです。何か特別なことをしろと言っているわけではないんですよ。ほかの工場ではみんながやっていることですから、私たちにできないはずがありません。立派な設備もありますし、賃金だってよそよりも高いぐらいです。問題は作業員なんです。クリスマスまでにこの問題を解決できなければもう一巻の終わりです」

抗議や不満、言い訳、不公平だと叫ぶ声、バカなのは本社じゃないかと非難する声が部屋じゅうに響きわたりました。しばらくの間、私は好き勝手に言わせておきました。そして再び手を上げてみんなを制すると、今度は部屋じゅうがしんと静まり返りました。

「もうひとつ、良い知らせがあります。ウォルトンワークス第二工場には社内でも最も生産性が高い部門があるんです。仕上げ課です。そこで私たちのやるべきことは、仕上げ課では、いつ、何が、なぜ、どのように正しく行われているのかを学び、自分たちの部門にもそれを持ち帰って、そこに合ったやり方で実行に移すことです。それだけです」

これで部長たちも元気を取り戻すだろうと思ったのですが、彼らはうんともすんとも言わず、黙っていました。でも私はこれを良い兆しだと受け止めることにしました。私にもアンディの楽観主義が移ったのでしょうか。そう思って、もうひとつトライしてみました。

「実は、もうすでに実行に移しているんですけどね」

私はそう告げたのです。

「仕上げ課の成功の秘訣は三つありますが、そのうちの二つにはすでに取り組んでいるんですよ。リスの精神とビーバーの行動です。お気づきじゃありませんでした?」

沈黙と困惑が入り乱れていました。

「このなかで実際に仕上げ課に行ったことのある方はいらっしゃいますか？」

だれからも声が上がりません。

三二ある工場のなかでも一番生産性が高いのが仕上げ課です。ところがここの部長たちときたら、すぐ目と鼻の先にいるというのに、仕上げ課で何が行われているのかを何ひとつ知らないんです！　まったく何ということでしょう。

こうなったら私が教えてあげるしかありませんね。もういい加減、彼らにも目を覚ましてもらわなければなりません。

「そのプロセスは全部ひっくるめて〝ガンホー〟と呼ばれています。仕上げ課の全員がガンホーです。年末までには、ウォルトンワークス第二工場の作業員全員がガンホーにならなければなりません。すごく簡単なことなんですけどね」

当初は、これで話を終わらせて一七人の部長を仕上げ課見学ツアーに連れていく予定だったのですが、私はさらに話を続けました。

「時間がないのは承知しています。でも、リスの精神を実行に移してから五週間がたちますし、ビーバーの行動についても、もう皆さん、十分にお分かりですよね。私たちにも物事を決める権利があります。

本社の人間は、私たちのことを無能な人間だ、何もできない負け組だと決めつけて第二工場を閉鎖しようと考えているんです。でも本社の考え方は間違っています。モリスおやじも間違っています。私たちはこの工場を立て直すことができるんです。私はそう信じています。みんなで本社の石頭の連中を見返してやろうではありませんか！」

アンディによると、恐怖は人の心をひとつに結びつけるそうです。でもこれは危険なやり方です。現実に直面した部長たちは、恐怖を心のなかにしまい込んでしまいました。恐怖以上のもの、つまり忘れかけていたプライドと共通の敵という強力な誘因が現れたからです。リスの精神の話を聞いて、彼らもわずかながらプライドを取り戻したのでしょうか。

本社が工場の閉鎖を決めたことも知りました。とんでもない共通の敵が現れたものです。私が「本社の連中を見返してやろうではありませんか！」と言った途端、部屋じゅうの空気が一変したのを感じました。これで今まで勝手気ままに行動していた一七人が、ひとつのチームにまとまる可能性が出てきたのです。

仕上げ課見学ツアーでは、アンディがガイドを務めることになっていました。そこで、質問はリスの精神とビーバーの行動に限定すること、というルールを決めておきました。仕上げ課が成功した三つ目の秘訣、つまりガンの贈り物についても触れないことにしました。

もうひとつ、部門と部門の間におかしなライバル意識が生まれてしまわないよう、見学ツアーが終わったら仕上げ課のことは絶対に口外しないこと、というルールも決めておきました。一七人の部長も、了解したというようにうなずいてくれました。

私たちは駐車場を横切って、仕上げ課が入っている建物へと向かいました。一七人の見学ツアーなど、創業以来の珍事でした。アンディは建物の外で待っていてくれました。扉はその後ろでしっかりと閉じられていました。

「リスだとかビーバーだとか、統括マネジャーが偉そうにくだらない話をベラベラとしゃべっているらしいですね」

アンディの口からは、いきなりそんな皮肉が飛び出しました。これには部長たちも驚いていましたし、私もショックを受けました。そのあとアンディは表情も変えずにこうあいさつしました。

「皆さん、ようこそいらっしゃいました。統括マネジャーを批判するつもりはありませんが、ストレスがたまると、つい人に八つ当たりしたくなることもありますよね」

人に八つ当たりしたくなる？　とんでもない。間違いなく私に八つ当たりしているくせに！

「それでは作業場のほうへご案内しましょう。実際にどんなことをしているのか、よくご覧になってください。〝ネズミ〟どもに仕事をさせるには鎖につないでおくしかありませんが、もちろんそんなことをしたら法に触れますから、無理ですけどね」

部長たちの半数ぐらいは当惑していたようですが、残りの半数ぐらいは、生産性を向上させる正当な手段として人を鎖につなぐ法律のようなものができるのなら、今すぐにでも賛成するのではないかというようすでした。

「足元に気をつけてくださいね。床が滑りやすくなっていますから。それから二～三カ所、電球も切れていますから」

アンディはそう言いながら扉のほうに向かいました。

ほかの工場にあるのと同じようなポスターが貼ってありました。アンディが描いたものでした。部長たちにもだいたいの察しがついたようです。そしてみんな一列になって黙々と工場に入っていきました。広さは約二八〇〇平方メートル。立派な工場でした。耳障りなのは、列の最後から入って来るアンディのしゃべる声だけ。

「ここが〝ネズミ〟の巣です」

アンディは笑いながら説明していました。

「……しかし、ここは整備する予定です。改善するためには、やることがたくさんありますね」

「ほう。工場というよりは、まるでオフィスだ！」

びっくり仰天した部長のひとりが思わず口を滑らせてしまいました。

「いけませんか？　ここはみんなのためのオフィスでしょう？」

アンディはそう応じました。

明るい照明に加えて、作業場の大きな窓からはあふれんばかりの自然光が差し込んでいました。パステルカラーに塗られた壁には観葉植物を植えたバスケットが吊るしてあり、床のほとんどがカーペットで覆われています。工場の床にカーペットが敷いてあるんですよ！

機械類はきれいに磨かれ、壁じゅうにグラフやポスターが貼ってあります。そこにはあの〝五カ条の憲章〟もありました。そして何よりも素晴らしいのが、ここで働いている作業員たち！　男女合わせて一〇〇人ほどの日勤作業員がいましたが、みんなおそろいの明るい赤のシャツにグレーのズボンという出でたちです。

「うーん、参りましたな」と、ある部長がうなるように言うと、ほかの部長たちからは笑い声が上がりました。私はホッとして大きなため息をつきました。こんなことではいけない、というのは分かっていましたが、ここで自己管理をしながら目標を達成する、というビーバーの行動のことを思い出しました。確かに言っていることは素晴らしいのですが、実際にやるとなるともう少し慣れないと駄目ですね。

見学ツアーに参加した部長たちはかなり感銘を受けたようです。作業員たちはきびきびと動いていましたし、何よりも掃除が隅々まで行き届き、どこを見てもゴミひとつ落ちていないのですから。ここの作業員たちが働いているのを見るだけで、彼らの目的意識が強く、はっきりしているのが分かりました。

部長たちはこうした光景に圧倒されていましたが、私が驚いたのは、こんなに素晴らしい部門がずいぶん前からすぐ目の前にあるにもかかわらず、だれひとり見向きもしなかった、ということでした。

以前アンディが言っていましたが、ひとりで放っておかれるのもそう悪いものではないそうです。「ペンキなどの危険物があるから、この工場だけ別の建物にあるんです。だからみんな近寄らないんですよ。社員だけじゃなく、部長たちも近寄ろうとしません。でもそれが結果的に良かったんですね。もしだれかにしっかりと管理されていたら、ガンホーになるような自由など持てなかったでしょうから」。

確かに、これはまぎれもない事実です。

「ほかの部門が仕上げ課と似ていても、それは単なる偶然の一致ということですな」

アンディのすぐそばに立っていた部長がそう感想を述べました。

「前からそうだったわけじゃないんですよ。ぼくがここの課長になったときには、生産スケジュールに合わせるために、ささいなことでもすぐに部下を切り捨てていました。ほかの部門では今でもやっていらっしゃるようですけどね」

最後のひと言は余計でしたが、アンディにはこの程度のことなら言う資格はあるでしょう。

「惨めでしたよ、ぼくは。でも、みんなも惨めでした。そんなときに偶然ガンホーのことを知ったのです。確かにこれは重要な話ではあったんですが、それよりももっと重要なことがありました」

アンディの言葉に部長たちは耳をそば立てました。私も彼の最後の言葉に興味が沸いてきました。それよりももっと重要なことって？

「どうして自分はこんなに惨めなんだろう。ぼくはちょっと考えてみたんです。理由は、工場で粗悪品ばかり作っていること、そして作業員が全然指示に従ってくれないことだと思ったんです」

アンディはここでひと呼吸置くと、部長ひとりひとりの顔をさっと順番に見回しました。

「でも、そこでふと気がつきましてね。作業員が惨めなのは、ぼくの存在そのものが頭痛の種で、工場そのものがとても働けるような場所ではないからだと。これではとても働く気になどなれません。ぼく自身が変わらなければ、何ひとつ変わらない。そういうことに気づいたんです」

さらにアンディは話を続けました。

「つまり、皆さんをはじめとする管理職の方たち、責任者の方たちがご自分やご自分のやり方を変えないかぎり、ウォルトンワークス第二工場は何ひとつ変わらないということですよ」

アンディのこの言葉は、全員の胸にグサリと突き刺さりました。私自身も変わらなければ。部長いびりもやめよう。これまでのような接し方をしていたのでは、彼らにも何ひとつ期待することなどできないのです。

でも、変わるといっても、そう簡単に変われるものではありません。〝言うは易し行うは難し〟ですが、私は「とりあえずやってみよう」と心に決めました。私がそんなことを考えている間も、アンディは話を続けていました。

「変えるというのは、単に古い習慣をやめることだけではありません。その古い習慣に代わる新しい習慣を採り入れて、それを根づかせるということなんです」

「アンディ、何か良い例があったら挙げてくれない？」

私はそう頼みながら、部長たちとのこれまでの接し方に代わる新しいやり方は何かあるのだろうか、と考えてみました。すると〝尊重する〟という言葉がすぐに頭に浮かんできました。

「そうですね。毎朝、話し合いの時間を設けて激励し合えばいいんです。これまでは、どうなるのかも分からないまま、ただ重い足を引きずって出勤し、頭を下げて黙々と仕事をするのが当たり前でしたが、今では毎朝、話し合いの時間を設けて激励し合うという習慣が根づいています。新しい習慣がしっかり根づいてくれなければ、古い習慣を変えたことにはなりません」

「話し合いの時間を設けるとか激励し合うとか言っているが、本当にやっているのかね？」

　ある部長がそうたずねました。

「もちろんです。まずはチームが必要でしたから、チーム作りをしましたね。チームではかならず業務計画を決めて、その計画に沿ってチームごとにミーティングを開くんです。そして翌日にはだれが何を担当するというようなことを決めるわけです。要するに毎朝ミーティングを開いて、その日の仕事の打ち合わせをするわけですよ。そして最後にはチームメンバー全員で手を重ね合って、勝利に向けてエールの交換をするんです」

　私たちはさらに工場を見て回り、ワークステーションのところで足を止めました。どのワークステーションにも、チームメンバーがひと目見て分かるように表やグラフが貼ってあります。

そこでチームメンバーにも話しかけてみました。すると、最近の目標達成を誇らしげにアピールする人が何人もいるのです。処理にかかる時間を七分間短縮したことを報告する人、電気メッキの許容誤差を保つタンクの能力に関する統計分析をする人、ある機械の二日間に及ぶ保守点検が終わり、今はもう稼働していることを報告する人もいました。

そこで、そのチームメンバーにたずねてみました。

「この機械の保守点検のことは、だれが決めたんですか?」

質問されたメンバーはこう答えました。

「私です。もちろん、ほかのメンバーには朝のミーティングのときに報告しました」

もちろん、ですって!

みんながその日の仕事を楽しんでやっていることは明らかでした。いつたずねても、その日、その週の全体的な生産目標はこうです、という答えがすぐに返ってくるのです。ある部長に至っては、〝機密〟扱いにしている最新情報を仕上げ課の作業員全員が知っていることにかなり驚いたようす。

「ええ、情報がすべてですからね。チームに責任を持ってもらいたいんです。ぼくはチームに決定権を与えて、自由に仕事をさせたいと思っているんですよ。ちなみに、仕上げ課には機密情報のようなものはひとつもありません。どんな情報でも全員にすべて開示しています」

見学ツアーも終わりに近づいてきたころ、私はある部長に「ここにいるチームメンバーのなかから、だれでもいいからひとりを選んでほしい」と頼み、こう告げました。

「いくつかお聞きしたいことがあるんですが、よろしいでしょうか。皆さん、彼からどういう答えが返ってくるか、よく聞いていてください」


アンディは驚いたようすでした。でも大丈夫。彼だって想定外の話から始めたんですから。今度は私が脚本にないエンディングを演出する番です。

そのチームメンバーは選ばれたことをとても喜んで、手を挙げてあいさつしました。

「皆さん、よくいらっしゃいました」

私は早速質問を投げかけてみました。

「こちらでは皆さんが一生懸命に仕事をしているようですけど、それはどうしてですか？　理由を教えていただけますか？」

「一生懸命にやっているということはありません。楽しんでやっています。以前の仕事は一生懸命にやりましたけどね。五年前からここにいますが、一生懸命に働いているという感じはまったくしませんね」

中年のメンバーはそう答えました。

「ここと前の職場とは何が違うんですか？」

「そうですね、ガンホーでしょうか。課長は、ここで働いている人間全員がガンホーにならなくちゃいけないとおっしゃいます。素晴らしいお考えです。実際にはどうなっているのか、自分が実際にかかわった製品が次はどうなるのかがこんなによく分かる会社なんて、ほかにありませんよ」

「素晴らしいですね。ほかには何かありませんか？」

そのメンバーはしばらく考えてから、こう答えました。

「いくつかありますけど、私としては、機械の部品みたいな扱いを受けたことがないということですかね。昨年、塗装ラインを変更したのですが、そのときもエンジニアと一緒に自分の担当部分のデザインを手伝いましたよ。

ここの担当は二〇人ですが、みんな、まるで自分の会社を経営するように仕事をしています。品質、納期、顧客サービスは、自分たちの責任でやっているんです。すべて自分たちのやり方にかかっているわけです。前の職場にいたときに、一度だけある提案をしたことがありましたが、現場監督には『指示を出すのはおれだ。おれに言われたことだけをやっていればいいんだ』と言われてしまいました」

ちょうどそのとき角笛が鳴り、スピーカーからこんなアナウンスが聞こえてきました。

「M317、一〇〇%、定刻どおり、一万二七五〇ドル」

作業場から拍手と歓声が沸き起こりました。カウベルのにぎやかな音も聞こえてきます。その音は五～六秒続いたでしょうか。部長たちはみんな仰天していました。

「今のは？」

私が部長たちに代わって聞いてみました。

「あれですか。ちょうど今からご説明しようと思っていたところです。ここと ほかの部門との一番の違いは、何か良いことやうれしいことがあると、かならずこうして報告してくれることです。今の拍手と歓声も、M317という製品を定刻どおりに出荷したという連絡です。一〇〇%完璧で、売り上げも一万二七五〇ドルになる、ということですよ。

でも売り上げに拍手と歓声を送るのは、まだ序の口です。一番すごいのは、人に対して拍手と歓声を送ることです。ここでは毎日のようにコンテストをやっているんです。月間大賞のようなものもあります。課長も毎日のように私のところにやって来て、励ましの言葉をかけてくださいます。本当に小さな仕事を取り上げては、『よくできているじゃないか』と褒めてくださることもありますよ。だれかの誕生日には、休憩時間に歌を歌って、ケーキとコーヒーでお祝いするんですよ。ちょっとしたことですけど、自分も誕生日にそんなことをしてもらえたらうれしいですよね」

ここでそのメンバーは話をやめましたが、まだ話し足りなかったらしく、こうつけ加えました。

「前の職場では『仕事に行かなくちゃ』と思って家を出ていましたが、ここでは『仕事に行きたい』と思って家を出て来るんです」

私は一七人の部長と一緒に仕上げ課をあとにしましたが、歩きながら、今聞いた話をもう一度振り返ってみました。ほかの部門でもここと同じようなことをすれば、きっとこうなるはずです。

その週はとても実り多い週になりました。リスの精神とビーバーの行動をほかの部門でも実行に移すことにしたのです。しかし、一週間、一カ月、いや年末まで時間をかけても、何ら変化はないでしょう。これまでの無力感や相互の不信感があまりにも根強く、そうすぐには変わるはずがないからです。

来年の夏までには何とかなるかもしれませんが、年末までとなると、どう考えても不可能でした。

そこで私たちは三つの事柄を実行しました。ひとつ目は、本社の考え方が間違っていることを実証すること。これがみんなの意欲を高めるための基本中の基本でした。二つ目は、〝胸を張って正々堂々と歩く〟という考え方を部長たちに徹底すること。三つ目は、「奇跡よ、起きろ」と祈ることでした。

先のことは分かりませんでしたが、私たちは、とにかく奇跡が起きてくれるよう祈りました。

ところが次の週は前の週のようにはいきませんでした。私も前向きな気持ちを保つのにとても苦労しました。

船が沈没しそうだというのは周知のことだったので、どの救命ボートに乗ろうかと、みんな必死になっていました。部と部の間で、さらには課と課の間でも熾烈な縄張り争いが繰り広げられました。

「驚くようなことじゃありませんよ」

丸太小屋でアンディは自信たっぷりにそう言いました。そのころにはもう、夏から秋へと、季節も移り変わっていました。

「この工場では、昔から職務の権限と範囲だけははっきりと決まっているんです。だから、みんな責任感などほとんど持っていないくせに、縄張り意識だけはものすごく強いんですよ。権利にもこだわりますね。あなたは、まず物事を違った角度から見るようにと彼らに言っていましたが、彼らも生まれながらの本能で、自分にできることは自分の縄張りに取り込もうとしています。

犬を行ったことのない場所に連れていくと、まず何をするかというと、塀に〝おしっこ〟をかけますね。自分の縄張りだというのをはっきりさせておくためです。ぼくたちが目にしているのは、まさにその〝おしっこ〟なんです。でもそれは当然の成り行きですよ」

アンディは話を続けました。

「犬も人間もやることは一緒ですよ。『小さなパイしか持っていない家族が大きなパイを持っている家族と同じテーブルで食事をするのは難しい』と、祖父も言っていました」

「どういう意味？」

「つまり、小さなパイしか持っていない家族もいるんだということです。彼らはパイを全員で分けたら足りなくなることをよく知っていますから、だれがどのぐらい取るかでけんかをしますし、だれかが自分の分まで取ってしまうのではないかと心配もします。だからしっかりと線を引いて、自分の取り分を確保しようと必死になるんです。

一方、大きなパイを持っている人たちは、全員で分けても自分の分け前が十分にあることをよく知っています。十分すぎるほどあるわけですし、しかもパイは限りなく大きい。だれがパイを切り分けようが関係ないのです。お互いに信頼し合っていますしね。要するに、フィールドが必要以上に大きければ、線を引く必要などないということです」

「じゃあ、第二工場で働いているのは小さなパイしか持っていない人ばかりだ、そう言いたいのね？」

「そういうことです。でも、ガンホーの組織は、大きなパイを持っている人ばかりですけどね。小さなパイしか持っていない人たちに、『パイはまだあるかもしれないよ』などと言ったら大騒ぎになりますよ。分け前をめぐる縄張り争いが勃発するのは間違いないでしょう」

「それは前進しているということじゃない？　大きく前進しているということよ。確かに争い事の種をまいたのは私たちだけど」

「まあ、仕方がないですね。こういう状態がしばらく続いたら、縄張りには責任が伴うことや、仕事も縄張りも全員の分はたっぷりあるから争う必要などないんだ、ということが分かってもらえるでしょう」


アンディと私は、それまでと同じように、土曜日に翌週の計画を立てて、月曜日にそれを実行に移していました。そのころには、ウォルトンワークス第二工場のチームメンバー全員が何らかの形でガンホーの組織をつくるプロセスにかかわるようになっていました。全員の心にリスの精神が宿り始め、プライドも芽生えてきました。

メンバーひとりひとりの能力に見合った、しかも彼らにとってチャレンジしがいがある仕事をさせていくという取り組みも徐々に始まりました。素晴らしい考えだ、と全員が賛同してくれました。ただ、人の能力を見極めて、それに見合った仕事をさせられるようになるまでには、まだまだ時間がかかりそうでした。

丸太小屋にいるときに、アンディはおじいさんの知恵についてさらに話をしてくれました。このときは部下にやる気を起こさせることについての話でした。

「ボートはキャンバス地と木材で作るが、カヌーを作るのは急流だけである」

私は戸惑いながらアンディを見つめました。都会育ちだからか、何らかのヒントがないと、やはりおじいさんの教えについていくことはできませんでした。

「実際に急流に流してみなければ、それが本当に良いカヌーかどうかは分からないという意味です。つまり実際に使ってみなければ、どの程度の強度があるのか、どれぐらいの荷重に耐えられるのかは分かりませんよね。でも、一度使ってみて良い結果が出れば、その価値はどんどん上がっていきます。価値があって生産性が高く、しかも貴重な人材とは、実際に使ってみて良い結果を出した人のことをいうんです。良い結果が出たかどうかは、本人だけじゃなく、周りの人も、見ていれば分かりますよね」

私たちは外部の力を借りて学習プログラムを開発することにしました。プログラムの目的は、不足しているスキルを強化すること、チームメンバーの専門的な能力を高めて次のステップに進む備えをさせること、そして同時に、現在進行中の仕事に関する一般教育を続けることでした。

私自身は、毎週火曜日の夕方に開かれる〝設計図を読む〟クラスに参加しました。重要なスキルを身につけて、それにさらに磨きをかけたかったのです。同じクラスに参加している仲間に十分な敬意を払うことも学びました。チームメンバーは頭の良い人たちばかりでした。

ちょうどこのころ、私は部長たちに対しても本当の意味で敬意を払うようになりました。彼らだって聡明ですし、有能です。チャンスを与えてあげればいいのです。なかでも一番の驚きは、私が好意的に接すれば彼らも好意的に接してくれるということでした！　私たちの間に協力し合うという気持ちが芽生え始めたのです。

また、個人がガンホーになる秘訣は、組織をガンホーにする場合とまったく同じだということも分かってきました。結局のところ、チームメンバーがガンホーになって、初めて組織もガンホーになるのです。

アンディと私は、工場をガンホーにすることについてはいろいろと話し合ってきましたが、実際にやっていたのは、メンバーひとりひとりを自分の仕事に対してガンホーにすることだったのです。そういう意味で、私は部長たちとの接し方を大きく変えました。というよりは、むしろ彼らのほうが自らガンホーになろうと努力してくれたといったほうがいいでしょう。私も彼らの能力を高く評価するようになりました。

十分に理解できる目標を設定し、それを全員で共有するという考え方もだんだんと浸透してきました。しかし、これも時間がかかりそうです。アンディの評価は単純なものでした。

「かかわり方はまだ〝ニワトリ〟のレベルですよ。〝ブタ〟レベルのコミットメント（責任を持って本気で取り組むこと）が必要ですね」

「何ですって？　どういう意味？」

「〝農家の朝食〟という昔話です」

アンディはそう言うと、次のような話をしてくれました。

「ニワトリとブタが来客に朝食を振る舞うことになりました。何にしようかと相談していると、ニワトリが『ベーコンエッグはどうか』と提案しました。するとブタがこう答えました。『あなたは卵を産む程度のかかわり方で済むでしょうけど、私は命がけで取り組まなければならないんですよ』。今、ぼくたちに必要なのは、このブタのような命がけのコミットメントなんですよ」

しかし、残念ながら、そんなハイレベルのコミットメントが一夜にしてできるわけがありません。でもアンディが言うように、みんながかかわり始めたのですから、出だしは好調だということでしょうか。

物事の原則に従うのは当然です。しかし、それをこの工場に当てはめるのはまた別の話です。確かにみんな興味を示してくれましたが、大きな障害が二つありました。

ひとつはチームメンバーについてです。これまで以上に大きな責任を担うことに対して、彼らには熱心に、かつ積極的に取り組んでもらわなければなりません。そのためには彼らに考える時間を与えてあげるべきでしょう。長い時間が必要です。アンディが言うように、ブタのようなハイレベルのコミットメントなど、そう簡単にできることではありません。

もうひとつはマネジャーについてです。彼らにはこれまでずっと部下を統制してきたハンドルを手放してもらわなければなりません。一五年以上にもわたってせっかく苦労してハンドル操作を身につけたのに、今になって「もっと良い方法があるのだから、そんなハンドルは手放すべきだ！」と言われているのです。

さあ、部下を統制するハンドルを握れないとなると、彼らはいったい何をすればいいのでしょう？　マネジャーにはそれよりももっと大切な役割があるのだ、ということを理解するには努力が必要でした。

もう一度言いましょう。ブタのようなハイレベルのコミットメントなど、そう簡単にできることではありません。

価値を設定することでは一歩前進しました。私がそのことを喜んでいると、アンディがすかさず講義を始めました。

「価値に同意が得られたとしても、時間をかけて検証するまでは何の意味もありません。三～四年で工場の利益を倍増させようなどとは考えずに、価値を支えることに集中してください。そうやって本物の価値にしていくんです。それまでは単なる名案にすぎないんですよ」

それでも進歩を遂げていたのは確かです。金曜日、私は自分のデスクの前に座りながら、いろんなことがあったけれど、今週は上出来だったと考えていました。そんな私のことを、モリスおやじもデスクの前で心配していたのでしょうか。

「そろそろペギーの手綱をしっかり締めておかんとな」

そんなことを考えていたに違いありません。ほかに何があるでしょう？

うわさをしていると、ほら来た！　モリスおやじから電話です。

「年末の重役会議を一二月一五日までに開くことにした。早めに知らせておいたほうがいいと思ってな」

ここでモリスおやじについてひと言。権力争いに勝ち抜くすべを心得ているんです。でも、私もだんだんと慣れてきました。

「そうですか。それまでには良い数字を出さなければなりませんね。一二月末までなら、もう少し何とかなりそうなんですけど」

私がそう答えると、おやじはもったりとした口調で言いました。

「どうだか……」

モリスおやじについてもうひと言。ああ見えても、実は快活で明るい性格なんです！

「とにかくベストを尽くしてみます」

私は明るく答えましたが、内心は「小さなパイしか持っていない愚か者のくせに！」と思っていました。

重役会議の知らせはどうでもよかったのですが、私だけがモリスおやじに不当に扱われていたのかといえば、そうでもなさそうでした。社内にはおやじと親しい仲間が二〜三人いましたが、統括マネジャー全員をほぼ同じように扱っていました。その一方で、山頂から今にも切れそうなロープを垂らし、統括マネジャーたちがそれにしがみついているのを眺めては楽しんでいるような人でもありました。

私自身は工場の閉鎖という憂き目に遭うかもしれませんが、好業績を上げているほかの統括マネジャーたちも、年末までにもっと良い数字を出さないとクビが飛ぶかもしれない、と心配で心配で夜も眠れずに過ごしているかもしれないのです。

　私がデスクの前で電話をにらみつけながら考え事に耽っていると、アンディがやって来ました。

「あら、シェルパ族のガイドさん。どうぞお入りになって」

「はぁ？」

「あっ、ごめんなさい。ちょうど登山のことを考えていたものだから。それで、どうかしたの？」

「今週末、どうしましょうか。ようやくガンの贈り物のことを学べる時期が来たようなので、それをお知らせしようと思いましてね。北のほうに寒波が来ているんです。予定どおりだと明日なんですけど、行ってみませんか？」

「まあ！　それはうれしいわ、アンディ。今の私には一番の薬よ」

　私はそう言うと、モリスおやじから電話があったことを伝えました。

「よかったですよ、ぼくたちにも力があることを証明しますから来年の夏まで待ってください、なんて言わなくて。おやじの週末を台なしにしてしまうところでしたね」

「でも、もし駄目だったら、そのときこそ〝胸を張って正々堂々と〟よね？」

「そうですよ。でも忘れないでください。秘策があるって言いましたよね。それはそうと、今回はバイクじゃなくて軽トラックを用意したんですよ。明日の朝七時にお迎えに行こうと思いますが、いかがでしょう？」

「ええ、大丈夫よ」

私はそう言いながらも、朝早い出発なのでしっかり目が覚めているかしらと思いました。あのバイクに乗れないのは少し寂しい気がしましたが、少なくとも、秋冬の寒い時期には覆いのある乗り物のほうがいいに決まっていますよね。

ガンの贈り物――仲間への声援を惜しまない。祝福を贈り合う

翌朝、私たちは七時ちょうどに出発しました。アンディによると、行き先は八五キロほど先にあるハッチソン湿原でした。軽トラックにはカヌーが積んであり、船尾に結んである赤いバンダナが風にはためいていました。七時といってもまだ薄暗く、とても寒い朝でした。ひと晩で気温が氷点下にまで下がったのです。運転席には、アンディが用意してくれたポット入りのコーヒーとドーナッツがありました。バイクでないのは寂しかったのですが、思っていたほどでもありませんでした。

「この一〇日ぐらいの間に、ガンが一〇万羽近く飛来したらしいですよ。ガンの贈り物を学ぶには絶好のコンディションじゃないですかね」

「準備は万端よ、アンディ」

確かに準備は万端整っていましたが、アンディがちょうど良いタイミングを見極めるまでは、彼に何を聞いても無駄だということは分かっていました。アンディからはずいぶんいろんなことを教わりました。我慢する、というのもそのひとつです。

二人の会話が途切れました。アンディはきっと沈黙に耳を澄まし、それが終わるのを待っていたのでしょう。太陽が後ろのほうからゆっくりと昇ってきました。あたりをピンクや紫色に染めながら、長い影を作っています。

私たちは西のほうへ向かっていました。野原では、厩舎から出てきたウシたちが丘の上を歩き、その姿が太陽の光を浴びてきれいなシルエットになっていました。都会で生まれ育った私も、なぜか昔なつかしい場所にいるような気持ちになりました。私は寒さに身をすくめながら、温かいコーヒーカップを両手で握りしめました。このままずっとアンディとドライブを続けられたらいいのに……。

一時間ほど走ると、〝ハッチソン湿原。環境保護地域。狩猟禁止〟という立て看板のそばを通りすぎました。

「狩猟は禁止です。だから、ガンを観察するには今の時期が一番なんですよ。

狩猟はもうすぐ解禁になりますが、そうなると、ガンが一斉に隠れてしまいますからね」

「狩猟が解禁になったかどうか、ガンに分かるの？」

「良い質問ですね。ガンは〝狩猟禁止〟の看板が読めるんだ、と言うハンターもいるぐらいなんですよ！　まあ冗談はともかく、ガンはとても賢い鳥だということだけは、ぼくも知っています」

やはりガンは賢い鳥なのでしょうか。アンディが指をさす方向、道の二キロぐらい前方の上空を、ガンが大きなV字型の隊列を組んで飛んでいきました。湿原を進んでいく途中でも、何百羽というガンの群れが見えます。ほんの数分前には、このままずっとドライブを続けられたらどんなに楽しいだろうと思っていたのに、実際にガンの姿を目にした途端、一気に現実に立ち返り、アンディのおじいさんが話してくれたという三つ目の秘訣、ガンの贈り物について学びたいという気持ちが強くなってきました。

アンディはカヌーを沼に浮かべ、私にライフジャケットを着せてから、カヌーの乗り方を教えてくれました。オールを手にして、バランスを取りながら乗り込むようです。そしてトラックの後ろからグレーのキャンバス地の袋を持って来ると、自分もライフジャケットを身に着けてからカヌーを押し出しました。そのころには太陽も空高く昇っていました。雲ひとつない、晴れわたった朝の空です。

近くに急流は見当たりません。もしあれば、この舟がボートなのかカヌーなのかが試されます。もっとも、舟は浮かんでいるのですから、わざわざ試す必要もありませんけどね。

アンディはカヌーの後部に座ると、素早くオールをこぎながら湿原の中心部へとカヌーを進めました。長く伸びたアシが舟の縁をこするたびに、秋の実りをつけたアシの種が弾けて飛び散ります。あとには茶色の花冠が白い傷跡をつけて残っていました。びっくりしたクロウタドリが赤い羽をバタバタさせながら、アシからアシへと飛び回っています。生温かい沼をさらに進んでいくと、冷気を覆うように霧が立ち込めていました。

草地を過ぎると、広い水域に出てきました。まるで池のなかの池。沼の形はかなり凸凹しています。岸辺に沿って水生植物が生えているのですが、まばらに生えていたり密生していたり、どこが岸辺なのかもまったく分かりません。

アンディはカヌーを先へ進めると、ガンをおびき寄せるおとりをしかけ始めました。おとりはアンディのおじいさんが彫ったものですが、細かい彫刻は施されていないようでした。

おとりをしかけ終えると、アンディはカヌーをアシのなかに滑り込ませました。おとりは長く伸びたアシの間から観察することができます。それぞれに小さな重りがつけられ、紐でしっかりとつながれていました。

「この沼は二〇年前に一度なくなったんです。日照りが続いて、干上がりましてね。その後ダックス・アンリミテッドというＮＰＯ（非営利団体）がやって来て、一〇〇万ドル近くを投じて沼地を元どおりにしてくれたんですよ」

アンディはそんな話をしながらカヌーの底に滑り込むと、クッションを枕代わりにして仰向けになりました。

「そうか、分かったわ、アンディ。しばらく休憩ね。私ひとりでガンを観察していろってことね？」

「当たりです」

アンディは笑っていました。

「でも、今回は簡単ですよ。リスやビーバーと違って、ガンはものすごく数が多いですから、至るところでガンの贈り物が観察できるんです。ガンの見分けがつくようになるといいですね。待っている必要などありませんよ。繰り返しますが、ガンの贈り物は至るところで観察できますからね」

私がそんな質問をしていると、ガンの群れが鳴き声を上げながら、頭上高く飛んでいきました。

「今すぐ？　ここで？」

「ええ、そうです。ガンの贈り物は、リスの精神とビーバーの行動に情熱を注ぎ込むものなんですよ」

情熱を注ぎ込むもの！

これはガンホーの組織をつくるプロセスに情熱をプラスするという考え方ですが、そう考えただけでもガンの観察に熱が入ってきました。大きなV字型の隊列が、さっきよりもずっと低空を飛んでいきました。ところが、その隊列が急に向きを変え、こちらに戻って来ると、私たちの頭上を通過していったのです。さっきしかけたおとりに気づいたのでしょうか。

「どうして地上に降りてこなかったの？　おじいさんが作ったおとりが気に入

らないのかしら？」

私はそう言ってアンディをからかってみました。

「さあ。きっとプラスチックの模型のほうが好きなんでしょうね」とアンディ。

すると、ガンの群れがまた向きを変え、抗議でもするかのように私たちを目がけて降りてきたのです。今度は一直線に降りてきました。水面近くまで来ると一斉に翼を広げてブレーキをかけ、水かきのある平らな脚を突き出しました。そして着水する直前に翼を引っ込めると、水しぶきを上げながら水に突っ込んでいき、そこで急停止。

「信じられない。本当に大きいのね」

あっ、話し声で驚かせちゃったかしら……。ガンはまったくお構いなしのようす。でも私が座り直そうとして体を動かすと、驚いて一斉に飛び立ってしまいました。そして上空へと向かいながら、鳴き声を上げ始めました。何てにぎやかなのかしら。ロックのコンサートでもここまでうるさくはないでしょう。

「何てにぎやかなの」

「確かに騒々しいですけど、あのガンの群れは、あなたに重要なメッセージを送っているんですよ。リスやビーバーが伝えてくれたメッセージよりももっと重要なメッセージです」

「渋滞しているときのハイウェイよりもにぎやかね」

私は驚嘆しながらも、そんな返事をしてしまいました。

「それがガンの贈り物なんです」

この言葉の意味を考えてみるべきでしたが、まだ何も思いつきません。

すると、アンディがもう一度考えるチャンスをくれました。

「じゃあ、あの鳴き声はいったい何だと思いますか？　ガンはだれに向かって鳴き声を上げているんでしょう？」

ここで私はハッとわれに返りました。私たちはただ会話を楽しんでいたわけじゃないんだ。ガンの贈り物の話をしていたんだ……。ガンはだれに向かって鳴き声を上げているのかって……？

「ガン同士で会話をしているの？」

私は思い切ってそう答えました。

「正解。では、どうして鳴き声を上げているんでしょう？」

私は答えを考えてみました。何らかのメッセージを伝えていることは間違いなさそうでしたが、そう答えると、また「じゃあ、どんなメッセージを伝えているのか？」と返されるのは火を見るよりも明らかでした。そのころにはもう、アンディの話の進め方はよく分かっていましたから。

リスはおしゃべりを続けて周りのリスをしかり飛ばしていたし、ビーバーはしっぽをたたきつけて危険を知らせていたわ……。それから一〇分ほどの間に、いくつかのガンの群れが鳴き声を上げながら飛んでいきました。

私はひとつ結論を出しました。リスはだれかれ構わず話しかけているように見えましたが、そんなリスとは違って、ガンは間違いなくガン同士で会話をしているのだと。また、ガンは頻繁に鳴き声を上げていましたので、ビーバーのように危険を知らせているのではなさそうだと。もし危険を知らせているのなら何かしら変化が起きるはずですが、鳴き声が上がっても、ガンの飛行パターンは一向に変わりませんでした。確かに、おとりから飛び上がるときには叫ぶような鳴き声を上げていましたが、着水するときにも同じように鳴き声を上げていました。

もうひとつ気がついたのは、V字型の隊列を率いるリーダー格のガンが後ろに下がり、別のガンが先頭に来ることもあるということです。その後ろを、同じようなV字型の隊列が飛んでいくのです。しかし、これもやはり鳴き声とは何の関係もなさそうでした。

「ガンは鳴き声でメッセージを伝えているのよね、アンディ。でもそれは危険を知らせる合図でもないし、リーダーが交代することとも関係なさそうだわ」

「危険を知らせる合図じゃないなら、その逆は？」

私はしばらく考え込みました。

「万事うまくいっているということ？」

「近い。もうちょっと」

「すべて順調？　それとも、素晴らしいとか、すごいとか……？」

「そう！　つまりそういうことなんです。ガンは激励し合っているんですよ。ちょっと耳を澄まして聞いてみてください」

私は耳を澄ましてみました。アンディの言うとおりでした。ガンは鳴き声で激励し合い、声援を送り合っていたのです。高校時代にはチアリーダーをやっていましたので、声援の声なら聞けばすぐに分かります。ガンの鳴き声は、まさに熱烈な声援だったのです。

「ちょっと見てほしいものがあるんですけど」

アンディはそう言うと、またおとりが入った袋に手を伸ばしました。今度は木彫りのカナダガンが入った包みを開けました。木彫りには細かい彫刻が施してあります。私はすぐに裏返しにして底の部分を見てみました。

やっぱり！　言葉が焼きつけてありました。ウォルトンワークス第二工場を救うことになる三つ目の秘訣です。おそらく三つの秘訣のなかでも最も重要なものに違いありません。

ガンの贈り物――仲間に惜しみない声援を送る

これには愕然としてしまいました。実に単純明快で力強い、何て素晴らしい言葉なんでしょう。

「アンディ、私たちにもみんなに声援を送ったり激励したりする取り組みができたら……。これを実行して、みんながいかに立派な仕事をしているかを伝えてあげられたら……！」

最後の言葉は胸にしまっておきました。あまりにも当たり前すぎて、言葉にする必要すらないと思ったからです。

私が何を言いたいのか、アンディもすぐに察したようです。

「そのとおりですよ。リスの精神とビーバーの行動は、いわば火つけ役のようなもので、そこに油を注ぐのがガンの贈り物なんです」

これには参りました。

「私、頭が悪いのかしら？　それとも鈍感なだけ？　部長たちを連れて仕上げ課の見学ツアーに行ったとき、チームメンバーが職場での楽しい出来事についていろいろ話してくれたんだけど、どれも声援のことだったわ。売り上げの話、誕生日の話、あなたに声をかけられ、仕事を褒められたこと……。忘れていたわ。私もその場にいたのに。こんなに大切なことを忘れていたなんて」

「気づかれたかと思っていたんですけどね」

アンディは笑いながらオールをこいで、おとりを回収しに行きました。

「よかったですよ、気づかれなくて。ビーバーの行動について学んだばかりじゃないですか。時期尚早です。ただ、一度ガンの贈り物の威力が分かったら、あとはもう早いですよ。祖父の教えはシンプルですが、根づかせるまでに時間がかかるんです。まずは火がついていることを確認して、ガンの贈り物で炎をあおるんです。ここならガンから直接教えてもらえますよ。一生忘れられない講義になると思います」

ちょうどそのとき、ガンが鳴き声を上げながら頭上を飛んでいきました。

「ガンは毎年、数千キロもの距離を飛行します。一日に数百キロも飛べるわけですから、世界の七不思議のひとつに数えられていて当然ですよ。しかも、飛びながらあちこちで声援を送り合っているんですからね」

アンディがおとりをしまっている間、私は別のガンの群れを眺めていました。するともうひとつ新たな発見がありました。

「アンディ、どのガンも鳴き声を上げているのね。リーダー格のガンだけじゃなくて、みんなが声援を送っている。つまり、チームメンバーに声援を送るのはマネジャーだけじゃないということなのね？　全員がお互いに声援を送り合えばいいということね？」

「そういうことです。ガンの贈り物はみんなのものですから。祖父はこう言っていました」

『ガンの贈り物は神からの授かり物。人に贈り、人から贈られるもの』

私たちはアシの間を縫うようにカヌーを滑らせて岸辺に戻りました。沼からカヌーを引き上げていると、ガンがあちこちで黒いV字型の隊列を組みながら、うねるように空を飛んでいくのが見えました。うれしそうな鳴き声を大空いっぱいに響かせています。みんなで贈り物を、きっと神さまからの授かり物を交換し合っているのです。素晴らしい、のひと言に尽きます。

「ガンの贈り物はリスの精神とビーバーの行動に情熱を注ぎ込むものだ、と言っていた意味がようやく分かったわ」

「これは組織の使命をどのように実現するかということなんです」

アンディはカヌーをトラックの荷台に載せながら答えてくれました。

「要するに、重要なものとか価値のあるもの、すなわち正しい仕事ということですが、それをしようとするなら、そのやり方も正しいもの、すなわち正しい方法でなければならないということなんです。この二つが一緒になって、初めて正しい使命を実現することになるんです。でも、人が情熱を示すのは、本当の使命を実現しようとするときです。それでみんな働いているんですよ。そういう欲求を満たさなければならないんです。そういう欲求を満たして、それに見合った報酬を与えるんです。ガンホーの作業員たちは、正しい仕事を正しいやり方でやって、それに見合った報酬を得ているんです。祖父がよくこう言っていました。『スコアがなければ試合じゃない』と」

アンディは後ろから折り畳み式のいすを二つ引っ張り出すと、トラックのそばに並べました。

「カヌーでもいいんですけど、この歳になると、日なたぼっこをするにはいすに腰かけていたほうが楽ですね」

「『スコアがなければ試合じゃない……?』」

私はいすに腰かけると、アンディに説明を促すように、先ほどのおじいさんの言葉を繰り返しました。

「ガンホーの組織に一番よく似ているのが、おそらくスポーツのチームでしょう。ちょっと考えてみてください。バスケットボールの試合中、だれもスコアを記録せず、ファンもだれひとり声援を送らないとしたら、いったいどうなると思います？」

「……すごくしらけた試合になるわね」

「そのとおり。しらけますよね。プロのスポーツ選手はお金を稼ぐために試合をしますが、だれもがそうだとは限りません。そこが分かりにくいところですね。人が受け取る報酬には二種類ありますが、どちらも大切です。祖父はこれを〝二つのc〟と呼んでいました。つまり現金（cash）の〝c〟と祝福（congratulations）の〝c〟です」

続いてアンディは、私のオフィスの壁に貼ってあるポスターについて少しコメントしてから、こんな話を始めました。

「アインシュタインがこれを見事に表しているんですよ」

「ただ、〝c2〟の意味をちょっと取り違えているようですね。〝c〟が二つというのが正しくて、方程式は、E（enthusiasm＝情熱）＝m（mission＝使命）×（c［cash＝現金］＋c［congratulations＝祝福］）になるんです」

「へえ、面白い」

私もその方程式を口にしてみました。

$E = mc^2$

「面白いでしょう。何と言っても、これが実際に当てはまるというのがね。この方程式を見てみると、お金も祝福も重要だということが分かります。でも、やっぱり先立つものはお金。まずは人の物質的な欲求、食べ物や着る物などですが、そういった欲求を満たすことが先決で、祝福するのはそのあとなんですね。祝福して人の心の欲求を満たすわけです」

「人の心の欲求を満たすというのは、面白い考え方ね。どんな祝福でもいいの？」

「鋭い質問ですね。問題は、心の底から祝福の言葉を述べているかどうかです。祝福するというのは、単に相手を認めるということです。その人を認め、その人の行動を認め、みんなで共有している使命の実現に向けて価値ある貢献をしていること、つまり正しい仕事を正しくやっていることを認める、ただそれだけのことなんです。リスの精神を、ビーバーの行動をね。それを認めるということなんですよ」

「祝福することが何もなかったら、どうしたらいいの？」

「これも鋭い質問ですね。まず〝何かしら〟祝福することはあるはずです。でも、人の長所を見つけるには、日々そういう訓練をしている必要があります。これまで人のあら探しばかりしていたマネジャーには、人の長所を見つけるのはちょっと難しいかもしれませんね」

「私もあら探しばかりしているのかしら？」

アンディは私の質問にすぐには答えずに話を続けました。

「もうひとつは、直接祝福することがないときには、かならずその人を激励することです。それならできますよね。激励するというのは、その人の能力を信じるという意味です。能力を信じるということは、その人に敬意を払っていることにもなり、最終的にはその人を祝福することになるわけです」

ここでようやくアンディが私の質問に答えてくれました。ああ、よかった！

「さっきの話ですけど、あなたはけっしてあら探しばかりしているわけではないと思いますよ。素晴らしい方です。リスの精神とビーバーの行動について学んで、そのうえで、これまで素晴らしいお仕事を成し遂げていらしたんですから。振り返ってみてください。目を見張るような進歩を遂げているじゃありませんか！」

アンディ、何という褒め言葉をくれるのかしら。彼の祝福の言葉は私の心の欲求を満たしてくれました。情熱がみなぎってきたついでに、もうひとつ質問してみました。

「でも、どうしてみんな金銭的な報酬にあれだけ執着するのかしら？　みんなお金のことしか言わないでしょう。祝福の言葉を要求してストライキをしている人には、まだお目にかかったことがないわ」

「そうですね。そんなことをしても認めてくれる人がいませんからね。でも、労働紛争の根底にあるのは、ほとんどがそういった心の問題、気持ちの問題なんです。不信感が最大の問題でしょう。『われわれの労働の価値を認めろ』『おれたちの価値ある貢献を認めろ』といったプラカードを掲げて行進している連中を見かけたことはありませんか。つまり、お金がすべての判断基準になってしまっているからですよ。計算するのも楽ですし、ほかの人と比較するのも簡単ですからね」

アンディはここで話を中断しましたが、二人とも頭上を飛んでいくガンの群れを見つめていました。鳴き声を上げながら激励し合っているのでしょう。

「もうひとつあります」

アンディが再び口を開きました。

「物質的な欲求というのは、人間の基本的な欲求です。生きていくためには、食べ物、着る物、そして雨風をしのぐ場所が必要です。ですから、お金にまず関心が向くのは当然のことなんです。それでお金に執着するわけですが、あまり執着しすぎると、今度は離れるのが大変ですけどね。

そういう意味では、マネジャーと部下の両方に責任がありますね。マネジャーには限られた額の予算しか与えられません。それで給与を支払うわけですが、もし使ってしまえばそれで終わりです。でも、そのマネジャーが個人的な責任を問われることはありません。一方、祝福の言葉なら、どんなマネジャーでも無制限に使えますよね。もし足りなくなれば、それはそのマネジャー自身の責任ですからね。〝ロングクロウのマネジメント規則〟によりますと、自然が真空を忌み嫌うのと同じで、マネジャーは責任を憎悪します」

「ということは、マネジャーも部下も、お金にこだわるのは当然だということね。部下のほうは、報酬が妥当かどうかを判断したり、ほかの人と比較したりするのが楽になるわけだし、マネジャーのほうも、部下に望みどおりの報酬を出せなくても、責任を感じる必要がないわけですものね」

「話を元に戻しましょう。祝福（congratulations）の〝c〟の話だったのに、いつの間にかお金（cash）の〝c〟の話になってしまいましたね。さっきも言ったように、祝福というのは相手を認めることです。でも、相手を認めるやり方にも二通りあるんですよ。積極的なやり方と消極的なやり方です。この二通りをうまく使いこなせなければ、第二工場もガンホーの組織にはなりません。積極的なやり方というのは、ごく一般的なやり方で、素晴らしい仕事をした人に声をかけて褒める、といったようなことです。ただ、消極的なやり方のほうがはるかに威力を発揮する場合もあるんですよ。

典型的な例を挙げてみましょう。例えば、部下のひとりが複雑だけど重要なプロジェクトを推進しているときに、やる気がないふりをして黙っていたり、信頼しながらも無関心を装ったりする、といったことです。もしそれが自分の得意分野のプロジェクトだと、つい自分で管理しようとしたり、問題が起きる前にあれこれと口を出したりしますよね。でも、そういったことは一切しないんです。沈黙していることこそが、『あなたは優秀なんだから大丈夫です。信頼していますよ』という明確な部下へのメッセージになるのです。

空を飛んでいるガンは、せいぜい鳴き声で相手を激励したり褒めたりすることしかできませんが、人間の場合には、消極的な認め方のほうが重要になってくる場合が多いんです。励ます会などは、やって良い場合と悪い場合がありますし、有能な人の場合には、仕事をするための環境を十分に整えたらあとはその人に任せてしまえばいいんです。それが本来の正しいやり方なんでしょうね」

アンディからはこれまでにもいろいろと話を聞かせてもらいましたが、これが一番長い話でした。しかも、とても重要な話だというのが分かりましたので、先へ進む前にたっぷりと時間をかけておさらいしてみました。

私は沈黙を破ってこう質問しました。

「励ます会などはやって良い場合と悪い場合があるということだけど、それ自体が問題ということではないの？　つまり、しょっちゅう人を祝福していたら、見せかけだけの祝福になってしまわないかと」

「いや、真実の祝福であるかぎり、そうはなりませんよ。祖父から〝真実の祝福〟について教わったことがあります。まず、真実というのは、正真正銘とい

Timely（タイムリーである）
Responsive（気が利いている）
Unconditional（無条件である）
Enthusiastic（情熱的である）

うことですね。英語の〝真実（true）〟という言葉は四文字で構成されています。それぞれを頭文字にしてみると、上のような意味の言葉が見つかります。

真実の祝福であれば、祝福しすぎるということは絶対にありません。それに、積極的なものであれ消極的なものであれ、祝福にはとても威力があります。実際のところ、あまりにも威力があるので、金銭的な報酬の代わりに利用して、あとは知らん顔をしていればいいと思っているマネジャーもいるほどです。まあ、ある程度まではそれでも通用するんでしょうけどね。これに関しては、軍隊が完璧な手本ですよ。帽子には金モール、胸には勲章や記章。安月給なのに、若者たちはそんなのにあこがれを抱くんですから！」

アンディは不思議だと言わんばかりに首をかしげていましたが、また話を続けました。

「幸か不幸か、ほとんどの組織では、これが難しくてなかなかできないんです。まず何と言っても、給与を公平に支払わなければなりませんね。でも一度やってしまえば、あとはただ給与を上げるだけでなく、祝福を何度も繰り返して部下の心の欲求を満たしてあげればいいんです。そうすれば状況はどんどん良い方向へ変わっていきますよ」

「やるわ、絶対に。ガンの贈り物は、リスの精神やビーバーの行動よりもはるかに大きな影響力を持っていそうね」

「リスの精神とビーバーの行動をすでに実践しているからこそ、ガンの贈り物が生きてくるんです。この二つを実践していなければ何の影響力もありません。岩山に肥料をまいているようなものです。岩の割れ目にあるわずかな土から芽が出たりもしますが、それではやりがいもなく、長続きもしないでしょう」

私たちは腰を下ろし、しばらくの間、暖かい日差しを浴びながらガンの鳴き声に耳を傾けていました。そのうちに沈黙が終わりを告げたのか、それともアンディのお腹が鳴ったのか、アンディがこう言いました。

「物資的な欲求を満たす時間ですね。来る途中にあった店で早めに昼飯でも食べませんか?」

昼食をとりながら、アンディは二つのガイドラインを示してくれました。ま

計画的	→	自発的
包括的	→	個別的
一般的	→	具体的
慣習的	→	独自的

ずは、アンディが車のダッシュボードから取り出してきたノートにひとつ目のガイドラインを書き出すようにと指示されました。

アンディによると、祝福は、左の言葉から右の言葉に至るまでの直線上のどこで行ってもかまわないけれど、右に向かえば向かうほど効果は上がるそうです。つまり、計画的、包括的、一般的、あるいは慣習的な祝福よりも、自発的、個別的、具体的、あるいは独自的な祝福のほうがはるかに良いということです。

「掲示板にメモ用紙か何かをピンで留めて、『今期は好成績を収めました』というようなメッセージを部全体に向けて発表したところで、何の効果もありません。それよりも、『出荷担当のレスリー・アンダーソン、三カ月連続で無キズの出荷記録を達成』というように、具体的に、また個別に祝福する制度にしたほうが効果的だということです」

二つ目のガイドラインは、仕事の成果だけでなく、そのプロセスに何らかの進展があれば、それに声援を送るということでした。「アメリカンフットボールの試合では、チームが得点するまで観客がおとなしく座って観戦しているということはまずありませんね。もちろん、タッチダウンすれば大きな声援を送りますが、途中でも声援を送り続けますよね。ところが、ほとんどの組織がそれをしていないんです。一一月に業績の評価を行っているのに、翌年の二月ごろになってようやく、年に一度のパーティーか何かの席でそれを発表するという具合です。これではまるで一〇〇試合ぐらい観戦してからようやく声援を送るようなものですよね」

話を聞いているうちに、どんどん確信が持てるようになりました。モリスおやじをギャフンと言わせるには、もうガンの贈り物しかありません。もっとも、十分な時間があればの話ですけどね。

ウォルトンに戻ると、私はその足で工場に向かいました。溶鉱炉には火がともり、今でも稼働しています。週末だというのに、チームメンバー全員が出勤して頑張っているのは知っていました。素晴らしいチームメンバーが素晴らしい仕事をしているのですから、私も工場に立ち寄って、みんなに声をかけてあげなければ、と思ったのです。

来てよかった！　私が作業場を見て回りながら、神さまからもらった贈り物を渡すと、驚くべきことが起こりました。私が真の祝福の言葉を述べると、チームメンバーからも祝福の言葉が返ってきたのです。

「ようこそいらっしゃいました」

「ありがとう」

「素晴らしいお仕事をされていますね。みんな統括マネジャーについていきますよ。私たちが統括マネジャーにこんなことを言わせていただくなんて、本当に初めてです」

　彼らを激励しようとして工場に行ったのに、逆に私が激励されてしまいました！　でも、私は裏切り者なのではないかという気もしてきました。彼らは今、まさにガンホーになろうとしているところなのに、時間が足りないのです。彼らはすでにリスの精神とビーバーの行動に、そして今ではガンの贈り物に取り組んでいるというのに、モリスおやじときたら、そんな彼ら全員に解雇通知を出そうとしているのです。

　土曜日の夕方、自宅にいるアンディに電話をしてみました。

「工場へ行って、早速ガンの贈り物を試してみたの。大丈夫よ。うまくいきそうだわ。工場全体にガンホーを広められそうよ。本気でそう思うわ。でも、みんなの心をもてあそんでいるんじゃないかという気もしてきたの。もしうまくいかなかったら、あなたも私も胸を張って正々堂々と出て行けばいいと思っているけど、あの人たちはきっと屈辱でうつむいてしまうわ。あの人たちの人生をもてあそんでいるだけじゃないのかしら。とにかく時間が欲しい」

「ひとつ秘策がありますから」

アンディが無邪気に答えました。

「来週の今ごろには、きっと答えが出ていると思いますよ。もし駄目だったら、そのときはもう仕方がないですね。胸を張って正々堂々と出て行きましょう！　今の工場にはもう、ガンホーしか頼みの綱はありませんからね」

その後、アンディは私を大いに激励してくれました。声援を送ってもらえるような具体的な成果はまったく出ていませんでしたが、アンディは、これまでの私の努力に対して最大限の賛辞を贈ってくれたのです。私にもそれがよく分かりました。

翌週の月曜日の朝、私は元気を取り戻し、いつものようにポスターを描きました。メッセージもガンの絵もうまくできました。

「ガンの贈り物」
仲間に惜しみない声援を送る

1．積極的なものであれ消極的なものであれ、祝福は真実のものであること

2．スコアがなければ試合じゃない。進展があれば、それに対して声援を送ること

3．$E=mc^2$——情熱＝使命×（［現金］＋［祝福］）

水曜日、アンディがついに爆弾を投下しました。

その日の地方紙『ウォルトン・ウィークリー・アドバタイザー』の一面トップに、こんな見出しのスクープ記事が載りました。

「わが社の創業者の子息で現取締役会長のティモシー・〝ロングホーン〟・アンダーソン氏が第一回ウォルトン名誉賞を受賞」


「ロングホーン氏は受賞をとても喜んでおり、実際に、あまりのうれしさから、この賞の経費の一部、二万五〇〇〇ドルを会社側が負担することを約束した」と記事は伝えていました。


〝労働者会議〟代表アンディ・ロングクロウ氏と、ウォルトン市長サミュエル・P・ジョンストン氏の発表によると、授賞式は翌年の七月四日。近隣の町からもブラスバンドを招き、華々しいパレードで式典を盛り上げるそうです。

市長からの電話で、私はこの話を初めて知りました。授賞式に出席できるのは大変うれしいが、新聞を読むまでは何ひとつ聞いていなかったので、少しバツが悪いし、ウォルトン市も協賛することになれば大喜びだろうが、事前にひと言でも声をかけてくれればよかったのに……、というのが市長の弁。私もそう思いました。当然ですよ。

そこで、早速アンディに電話をしてみました。

「〝労働者会議〟があったなんて、初耳だわ」

「ああ、今朝できたばかりです」とアンディ。

「市長も寝耳に水だって言ってたわよ。どういうこと？　さっき市長から電話があったのよ」

「市長は驚いていましたか？　ロングホーンのことはご存じですよね。つい今しがた、彼と電話で話したんですよ」

アンディは笑いながら話を続けました。

「ぼくが記事を読んでやったら、『受賞をとても喜んでいる』と書くのはかまわないけど、二万五〇〇〇ドルもの資金を負担するというのには、さすがにびっくりしたって」

「電話したの？　ロングホーンに？」

「ええ。彼はここで働いていたことがあるんですが、そのころからの知り合いなんです。一五年ほど前からですが、毎年秋になると狩りをしに来るんですよ。インディアンのぼくと一緒に狩りに行けば何か得をするんじゃないかと思っているんでしょうね。シカがどこにいるのか、インディアンなら分かるに違いないとかね。まあ、それはともかく、毎年この時期になると電話をして狩りの設営をすることになっていますので、あの記事が載ったときにも、すぐに電話で知らせて、祝福の言葉でもかけてやろうと思ったわけです」

「でも記事のことは知らなかったんでしょう？　二万五〇〇〇ドルのことも」

「ええ、まったく知らなかったと思いますよ。だって、ぼくがまず記事を書いて、それが載ってから知らせたんですから。二万五〇〇〇ドルぐらいなら出してもらえそうでしたしね」

「あなたが記事を書いたの？　全部あなたがでっち上げた話？」

私は言葉を詰まらせました。

「全部じゃありません。『ブラスバンドを招いて』というくだりは本当です。ぼくが電話で実際に招待しましたから」

アンディは弁解するように言いました。

何と返事をすればいいのでしょう。私はもうあっけに取られたまま、結局は何も言葉が出てきませんでした。

「昔の先住民の知恵ですかね」とアンディ。

「おじいさんの？」

「いや、祖母のです。祖母から聞いたんですが、祖父に何かを頼むときには、わざと公衆の面前で祖父を褒めちぎったそうです。そうすると、祖父も喜んでやってくれたらしいですよ。ロングホーンも市長もきっと同じですよ」

「あなたのおばあさん、全女性を裏切ったことになるわね。そういうしかけは内緒にしておくものよ。男性に知られたらまずいでしょう」

私は強い口調でそう言いました。

あっ、もしかしたら！……そういうことだったのね！　私はいきなり頭を殴られたような衝撃を受けました。一連のしかけの意味が突然パッとひらめいたのです。

「アンディ！　これで一年先まで時間を延ばせるってわけね？　八カ月は時間が稼げるってことね。授賞式は来年の七月。私たちがよっぽどヘマをしないかぎり、モリスおやじもそれまでは手を出せないわ」

「これがぼくの秘策だったんですよ。ロングホーンと知り合ってから一五年になりますが、彼について分かってきたことがあるんです。まず、ちやほやされるのが好きだということ、狩りに行くと一番の大物を狙いたがること、それから、パレードが大好きだというのも偶然知りました。モリスおやじも、来年の七月四日までは、あれこれとちょっかいを出すと面倒なことになるなと思ったでしょうね。ただ、ひとつだけ問題があるんですよ」

「どんな問題？」

「七月五日になったら、もうアウトだということです。ロングホーンが名誉よりも好きなもの、それがお金なんです。ですから、七月五日になってもまだ赤字続きだったら、そのときこそ、彼は自宅のドアを閉めるように、あっさりと工場を閉鎖するでしょうね」

「アンディ、ひとつ質問してもいいかしら？」

「どうぞ」

「どうやって新聞に載せたの？」

「簡単ですよ。新聞社のオーナー……つまりロングホーンは、以前ぼくと一緒にこの工場で働いていたんですけど、父親が亡くなって、新聞社を継いだんです。彼は編集者でもあるんですけど、記事を書くのが嫌いでね。そんなわけで、実は、ここ何年かはぼくが新聞の社説も書いているんですよ。これがまた面白くてね。しかも、彼はいつもぼくが書いたコラムを喜んで載せてくれるんです。これまでに書いたコラムは、ほとんどが誕生日ギャグの話でしたが、今回の『ロングホーンが名誉賞を受賞』のようなスクープ記事でも、きっと喜んでくれているでしょう」

アンディの仕業だったのね！　でも、これで時間稼ぎができるわけです。あと一年。もちろん、それまで何とか持ちこたえられればの話ですけどね。ただ、今後何か問題が起きたり、思わぬ危険に陥ったりすることを考えると、九月から翌年の七月までの一〇カ月間を一年ととらえて、まだあと一年もあると思って安心するのは早すぎるような気がしてきました。

一方、ロングホーンはといえば、今回の受賞に胸を躍らせていました。これまで賞をもらったり世間の注目を浴びたりしていたのは決まって父親のほうで、ロングホーン自身がステージに上がってスポットライトを浴びるのは――会社の代表でもなければ父親の代理でもないのは――今回が初めてでしたので、有頂天になるのも無理はありませんでした。

そのときは、これで工場を救えると考えて、私も有頂天になっていましたが、やっぱりロングホーンを担いだのはまずかったんじゃないかしら？　ところが、アンディの答えは実に明快でした。

「ロングホーンの性格の欠点を利用したのは、けっして自慢できることじゃありませんが、一五〇〇人の社員を失業から救うお手伝いができたことは、とても誇りに思っていますよ。話をでっち上げてロングホーンの注意をそらしても、それでぼくたちがチャンスをつかめるなら、別に問題はないでしょう。むしろ本当に問題なのは、万が一うまくいかなかったら、一五〇〇人の社員とその家族に合わせる顔がないということですよ」

アンディは広い視野から問題をとらえる人です。今回もそうですが、彼の言うことには一〇〇%同感でした。

幸いなことに、モリスおやじは今回のやらせについてまったく感づいていませんでした。私がここまでやれるとは思ってもいなかったのでしょう。案の定、私の予想どおりでした。おやじはアンディのことすら知らなかったんです！

さらにロングホーンがこの地を訪れるのは、狩りのためだけではなく、工場とも少なからぬパイプを持っていたからでもありました。ですから、本社にとっては、今回ロングホーンが受賞しようとしまいと、関係なかったのです。

ロングホーンは大学生のころにひと夏、この工場で働いていたことがあります。やがて統括マネジャー補佐としてウォルトンでも一年を過ごしました。そのときにアンディと知り合ったのです。

「ロングホーン」というあだ名の由来も、このウォルトン時代にさかのぼります。

若きアンダーソン氏は、統括マネジャーから「まったく、おまえはろくなことを考えないな。まるでウシの糞みたいだ」と常に小言を言われていました。するとある晩、彼はロングホーンという家畜牛（訳注　アメリカ西部に生息し、特徴である横に伸びた長大な角を持つ牛）を統括マネジャーのオフィスに連れてきました。翌朝、オフィスには本物の大きなウシの糞が残されていました。

彼はこんなやり方で自分の考えと工場の実態との違いを指摘して、改善を促したのでした。その日以来、彼は〝ロングホーン〟と呼ばれるようになり、彼は今もこのあだ名を宝物のように大切にしています。

やっぱり、会社の創業・経営者一族に生まれると得ですね。まったくおとがめなしなんですから。こんな強引なやり方、ビジネススクールでは絶対に教えてもらえません。

「ロングホーンは今でも横柄ですよ。あのころの厚かましさにさらに磨きがかかったと言ってもいいぐらいです」

アンディは自分の考えを述べました。

「世の中には銀のスプーンをくわえて生まれてきて、死ぬまでスプーンをなめ続けるやつもいれば、吐き出すやつもいます。ロングホーンはスプーンを丸ごと飲み込むようなやつですね」

ありがたいことに、ロングホーンは今回のことも丸ごと飲み込んでくれたようです。

やがて、そのロングホーンが狩りでウォルトンを訪れ、そのあと市庁舎を訪問しました。そして、急ごしらえの〝労働者会議〟との夕食会に出席したのです――もちろん、父親の代理などではありません。夕食会は乾杯で始まり、盛大な拍手で無事にお開きとなりました。さて、相も変わらず怒鳴りちらしていたモリスおやじですが、それからというもの、その怒鳴り声はすっかり鳴りを潜めてしまいました。


二月には第二工場の業績も上向いてきました。四月の取締役会では、モリスおやじが〝シンクレアとかいう若い娘〟をそこの統括マネジャーに大抜擢した自分の判断がいかに的確だったかを得々と語っていたそうです。上半期の業績もとても良く、全工場の平均値と比べても恥ずかしくないものでした。

今ごろになって気づいたのですが、実は、高校の物理の教科書はマネジメントの入門書としてとても優れているんですね。静止体には慣性があります。それを動かすにはさらにエネルギーを加える必要がありますが、一度動き始めると、勝手に勢いがついてきます。

アンディが教えてくれた三つの秘訣を石に例えるなら、人によって、また組織によって、三つとも大きさが異なるはずです。なかには、ほかの石よりも重くて動かない石もあるでしょう。でも、一度動きだしてしまえば、あとはただ観察していればいいのです！

私たちはまず〝やりがいがある仕事をする〟に火をつけました。すると第一の秘訣が転がり始めました。ときどき押したり引いたりする必要はありましたが、そのうちに勝手に勢いがついてきたのです。

そこで第三の秘訣〝仲間に惜しみない声援を送る〟を実行に移しました。困難を極めたのが、第二の秘訣〝自己管理をしながら目標を達成する〟を実行に移すことでした。

マネジャーは、厳しくて容赦ない、しかも注文が多いコントロールよりも、コーチングのほうが良い結果を生むことを肝に銘じておくべきでしょう。私たちが定義するコーチングとは、行動を起こすことに重点を置き、教えながら実践していくことです。部下には常に刺激やチャレンジになるような仕事を与え、うまくいったときには祝福し、うまくいかなかったときにはサポートしながらもう一度教えるのです。

組織にとっては第二の秘訣〝自己管理をしながら目標を達成する〟を実行に移すことが最大の難関でしょうが、私にとっては、第三の秘訣〝仲間に惜しみない声援を送る〟が最大の難関でした。

これまではずっと本社勤務でしたので、警察官のような仕事、つまり犯人捜しや犯罪者を処罰する仕事をしていました。ですから、素晴らしい仕事をした人を祝福したり、あまり成績の良くない人を激励したり、あるいは何か正しいことをした人を褒めたりするようなこととなると、どうもぎくしゃくしてしまい、とても自然に振る舞うことなどできなかったのです。

成功するかどうかは、その人の態度、エネルギー、バランス、そして人とのかかわり合いにかかっています。それらがすべてです。そして、一度その味を覚えてしまうと、それをもっと広げようと思うようになります。愛情と同じで、与えれば与えるだけ、得られるものも大きくなってきます。

現在、私は行く先々に太陽の光を届けようと頑張っています。以前の警察官のような仕事よりも、このほうがずっと生産的ですし、面白いですよね。

では、何をしてこのように変わったのでしょう？　チームメンバーはどのように変わっていったのでしょう？

そう、まさにアンディが言っていたとおりになりました。信頼関係を築き、真実を語るようになりました。すると自尊心が芽生えてきました。そして使い慣れたハンドルを捨てて協力してくれた人たちに報い、情報を共有している人たちに報いることにしました。さらに、高い目標を設定し、私たちの価値を尊重するようにし、そのうえで訓練、訓練、さらに訓練を重ねました――単に工場の仕事に関係のあることだけでなく、ほかにも幅広いテーマに取り組みました。最後に、さらに成長していくために偏見のない広い心を持って学びました。

私たちは今でも成長し続けていますが、そんな私たちに必要だったのは、まずは広い心を持つ、ということでした。

まだまだあります。仲間に声援を送るようにしました。それも、惜しみない声援をです。工場で働く人が正しいことを行っていたら、まさにその瞬間を見逃すまいと努力しました。具体的には、だれかが正しいことを行っているのを見つけたら、すぐにガンホーセンターという部門に連絡することに決めたのです。

ガンホーセンターには、工場全体の生産性を上げるためにひと役もふた役も買ってくれた重要なツールが置いてあります。ポラロイドカメラです。何か正しいことをしているチームメンバーがいるという連絡が入ると、ガンホーセンターのスタッフがポラロイドカメラを持って現場に駆けつけ、そのようすを写真に収めるのです。

撮影したカラー写真は、すぐに工場の全作業場に貼り出されます。警察は写真を公開して犯人捜しをしますが、私たちはそうやって見つけた人の写真を掲示して表彰したのです。写真の下には、その人が何をしていたかという、具体的な説明文を入れました。

私たちは、基本的に以上のようなことを実行しました。そして今でもそれを続けています――皆さんにもできることです。販売会社、保険会社、小売店、証券会社、レストラン、病院、官公庁……。どんな組織であれ、基本原則は変わりません。リス、ビーバー、そしてガンに学んだ三つの秘訣は、皆さんの組織にとっても、また皆さん個人にとっても、きっと役に立つでしょう。

ただし、長い月日が必要です。やり通そうという強い意思がなければ、いくらやっても意味がありません。ガンホーはその場しのぎの対策ではありません。今週の目標とか今月の課題、あるいは今年の方針のようなものでもありません。五カ年戦略計画ぐらいの長いスパンで取り組むべきものなのです。生き方そのものなのです。目標を達成するまではいばらの道ですが、ガンホーにはじっくりとそれを目指して取り組んでいく価値があるのです。社員にとっても組織にとっても、その価値は十分にあるでしょう。

成功のカギを握るもの、そのひとつがエネルギーです。私は以前そう言いました。情熱というのはプラスのエネルギーです。人の心が共通の目的に向かってひとつに結びつくと、まるでコンピュータをネットワークに接続したようなものになります。私はそう考えるようになりました。ひとりではできなくても、みんなで一緒に行動すれば目的を達成することができるのです。しかも、その可能性は無限に広がっていくわけです。

情熱の話に戻しますと、やはり人の心はコンピュータと似ています。プログラムさえ書いてしまえば、コンピュータはワープロとしてもエンジニアリング設計の分析装置としても使えます。人間の脳も、何でも悲観的にとらえるようにプログラムを書くこともできますし、情熱をもって前向きにとらえるように書くこともできます。

私は情熱をもって物事を前向きにとらえるほうを選択したわけです。ガンホーを目指すことを選択したのです。今でもガンホーライフを歩んでいます。いくらガンホーになりたくても、ただそうなろうと決心するだけでなれるわけではありません。常によく考え、そして計画的に、ガンホーへの道を歩んで行かなければなりません。

組織をガンホーにしようとするなら、その組織に属する人たちにガンホーライフを実践してもらわなければなりません。わざわざ酔っ払いを雇って、自分の子どもたちに車の運転を教えてもらおうとは思わないでしょう。小さなパイしか持たずに常に文句ばかり言っている人間に、ガンホーの組織づくりを任せるのは間違いです。

もちろん、ガンホーになるためのハウツーを知ることも重要ですが、本当に重要なのはそれを実行に移すことです。今日からでも、今すぐにでも、実行に移すことが重要なのです。

あれから丸三年。ウォルトンワークス第二工場がついにやってくれました。アンディにガンホーとして認定してもらえるレベルにようやく到達したのです。それからさらに数年後、この取り組みが全米の注目を集めるようになり、ホワイトハウスのローズガーデンに招かれて表彰されるまでになりました。

それほどの困難はなかったとか、途中で後戻りなどしなかったとか、そんな強がりを言うつもりはありません。でも、とにかく面白かった！　それだけは確かです。

アンディも工場をガンホーに仕立て上げるのを楽しんでいました。しかし、アンディが糖尿病を患っていることを知ったのは、彼が最初の心臓発作で倒れたあとでした。そのときには、どうして治療に専念しなかったのかと彼をとがめたものです。

すると、アンディは笑いながらこう答えました。

「いや、もしあなたがガンホーを一緒に広めてくれることが分かっていたら、また第二工場をガンホーにするのがこんなに楽しいんだと分かっていたら、きっとそうしていたかもしれませんね」

でも、何よりもうれしかったのは、工場で働くチームメンバー全員が私たちの成功を喜んでくれたことです。彼らは利益配分のボーナスを受け取ると、物質的な欲求を満たしていました。さらに、積極的なやり方だったり消極的なやり方だったりで、できるかぎり健闘をたたえ合っていました。

モリスおやじに勝てたこともうれしかったです。おやじに会うときには、もう胸がワクワクしました。

でも、私にとって一番の喜びは、勤務交代の時間に工場の正門まで下りていって、チームメンバーがその門から出ていくのを眺めることです。もうずいぶん昔の話ですが、アンディのバイクに乗ってガンホーへの道をひた走って行ったのは、まさにこの正門からでした。

今日もチームメンバーは胸を張って正々堂々と帰宅していきます。みんな重要な仕事をしており、それぞれが自分の仕事のやり方についてしっかりとした考えを持っています。彼らはもうよく知っています。会社だけではなく周りにいる同僚たちも、自分たちの努力と成功を高く評価してくれていることを。

リスの精神
ビーバーの行動
ガンの贈り物

それでは皆さん、ガンホー！

あとがき

ケンとシェルダンと一緒にこのお仕事をすることを決めたとき、お二人にひとつだけお願いしたことがあります。それは、本書の最後に私自身の言葉であとがきを書かせてほしいということでした。何かつけ加えておくことがあるかもしれないと思ったからです。

もちろん、ケンとシェルダンを信頼してはいましたが、アンディとの約束がありましたので、物語が正しく語られているかどうかを最後の段階で確認しておきたかったのです。

大丈夫でした。物語は正しく語られていました。しかも、ひとつとして言葉を変更した箇所はありませんでした。

ケンとシェルダンには本当に感謝しています。また、お二人からは、本書を今は亡きアンディと、彼のご家族、妻のジーンと息子のロバートにささげたらどうかという提案をいただきました。この件についても、お二人には心から感謝の意を表したいと思います。一生忘れることはないでしょう。

ウォルトンワークス第二工場のチームメンバーにも感謝します。皆さんはもうご自分のことをよくご存じですね。今では立派なガンホーです！　当然のことですが、工場の名称は変更しました。ホワイトハウスで表彰されてから、私たちはプライバシーを尊重することを学びました。

これは私たちだけの物語ではありません。アンディの物語でもなければ、アンディのおじいさんの物語でもありません。企業であれ、学校であれ、病院であれ、あるいは官公庁であれ、ガンホーになろうと決めたすべての組織の物語なのです。また、そうなり得るものなのです。

もしお許しをいただけるなら、最後に私事を少し述べさせていただきたいと思います。アンディが最初の心臓発作で倒れたとき、私は彼に、仕上げ課を離れて統括マネジャー補佐に就任するよう辞令を出しました。オフィスも私の隣にしました。アンディはチームを離れるのを嫌がっていましたが、私は、結局はそれが彼のチームメンバーに対する究極の消極的祝福になるのではないか、と言って彼を説得しました。主治医にも現場を離れるよう命じられたこともあり、彼はしぶしぶ同意してくれました。

そして二度目に倒れる前ごろから、彼はガンホーを世界中の人たちに伝える必要がある、という話をするようになりました。私は、こうして彼が遺してくれたものを後世に伝える役割を担うことができて大変光栄に思っています。

アンディの葬儀の日、工場は休みにしました。男性も女性も、この町に住む一六歳以上の若者たちも、全員が告別式に参列していたと思います。ただ、ロングホーンはもちろんのこと、モリスおやじの姿も見当たりませんでした。多少の不透明感はありましたが、私たちの取り組みが成功の兆しを見せ始めた直後に、会社を辞めたのです。理由はまったく分かりません。まあ、私たちにとってはどうでもいいことですけどね。

葬儀が終わってそれほどたたないうちに、弁護士事務所から電話がありました。アンディが思いもよらない贈り物を私に遺していてくれたのです。何と、あの丸太小屋でした。おじいさんの木彫りに加え、アンディ自身が質素な生活を送っていたこともあって、遺産はかなりの額に上っていました。そのほとんどが彼の息子を記念して地元の児童福祉施設に寄付されることになりました。

その後、私の元には、もっと大きな工場の統括マネジャーや本社の上級管理職への異動などの話も来ましたが、どれもきっぱりとお断りしました。あの丸太小屋に数え切れないほどの思い出が詰まっていたからです。

今、私はその丸太小屋の前のポーチでこの原稿を書いています。あのときのスカンクはとっくにいなくなってしまいました。もうずいぶん昔の話ですものね。原稿を書き終えたら、アンディがかわいがっていたリスや鳥、ウサギに餌をやりに行こうと思います。

納屋にはアンディのバイクがそのまま置いてあります。私はときどき納屋に入っては、バイクの後部座席によじ登り、そっと目を閉じてみます。私が最愛の友の背中にしっかりとしがみつくと……、バイクはすぐに動きだし、猛スピードでハイウェイを駆け抜けていきます。

ガンホー、アンディ！
ガンホー、ペギー！

ペギー・シンクレア

ガンホーライフ実践のための行動計画表

ペギーとアンディは、ウォルトンワークス第二工場をガンホーの組織に仕立て上げていくなかで、次のような行動計画表を作ってオフィスやカフェテリア、工場全体に貼り出した。

ペギーの許可を得て、このポスターとチェックリストをここに再現した。自分自身がガンホーになることを目指している人や組織をガンホーにしようとしている人など、皆さんのお役に立つことができれば幸いである。

チェックリストは、オリジナルのポスターでは行動計画表の下に載っていたが、本書では、次ページの行動計画表のあとのページに載せてある。

行動計画表

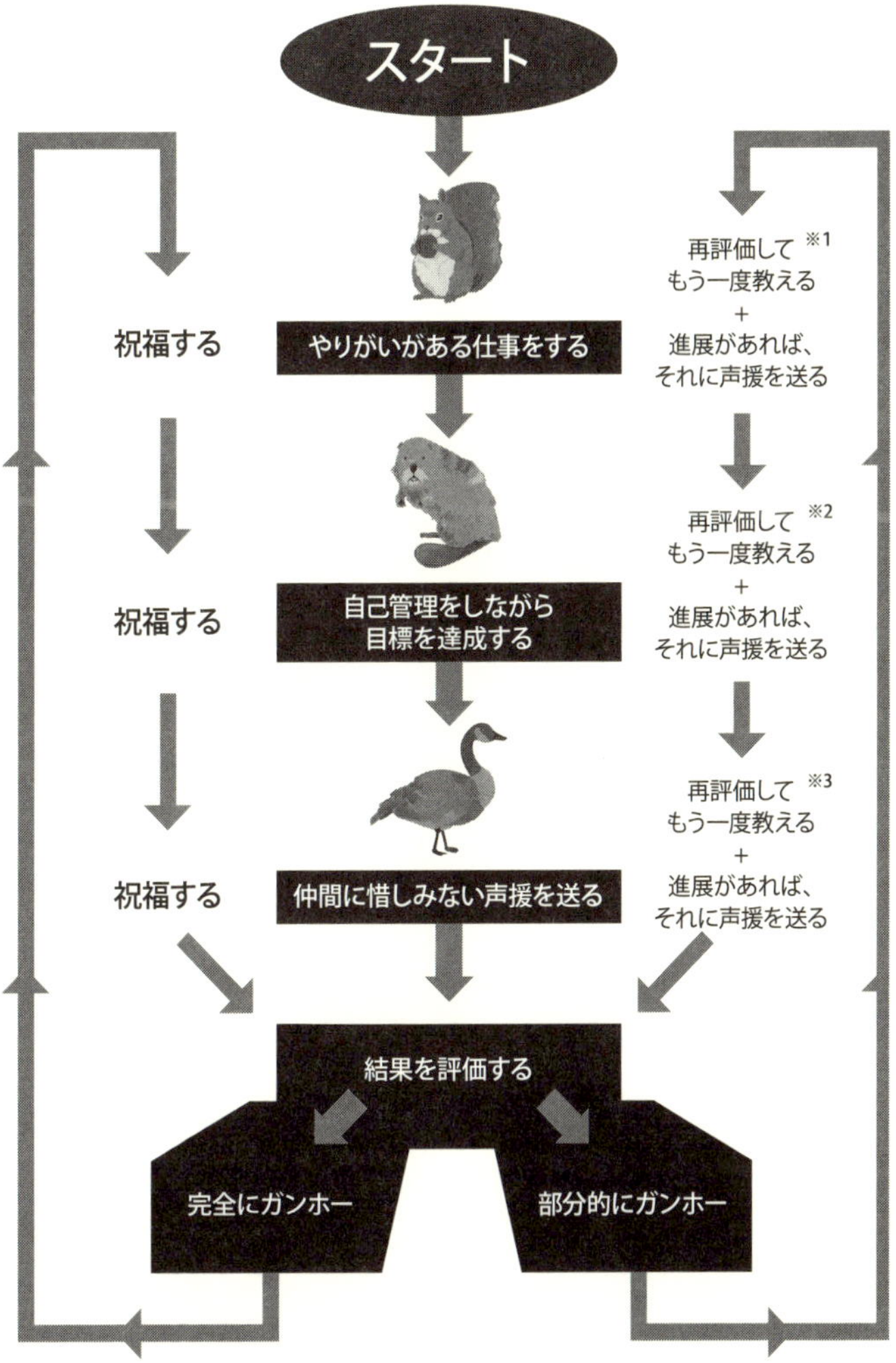

再評価のためのチェックリストについては、
※1　リスの精神は 222 ページ
※2　ビーバーの行動は 223 ページ
※3　ガンの贈り物は 224 ページをそれぞれ参照してください。

チェックリスト リスの精神
やりがいがある仕事をする

①仕事がより良い社会を築くのに役立っていることを理解する

□仕事そのものではなく、仕事がどのように社会に役立っているのかを理解する

□仕事を単なるユニット（単位）としてではなく、人のためにどのように役立っているのかを考える

□その結果、自尊心（愛情や憎悪と同じぐらい強い感情）が芽生える

②共通の目標に向かってみんなで頑張る

□目標を共有するというのは、ただ宣言することではなく、責任を持って本気で取り組むことである。チームメンバーを信頼し、第一に考えていれば、最終的には目標達成に向けて支持が得られるようになる

□マネジャーが重要な目標を設定し、残りの目標はチームに任せてもいい（目標設定に部下がかかわっていれば、彼らからは最高の支持が得られる）

□目標とは、現在位置を確認し、今後の行き先を決める「道しるべ」のようなものである。行き先をはっきりと示してくれるのが「道しるべ」である

③しっかりした価値観を持ち、それに基づいて計画し、決定し、行動する

□目標は将来に向けてのもの、価値とは今現在、求められるもの。目標は設定するもの、価値とは生かすもの。目標は変わっても、価値は変わらない。頑として動かない岩のようなものである。目標は人を動かすもの、価値とはその努力を持続させるもの

□価値とは、自ら部下の前で模範を示して、初めて現実のものになる

□ガンホーの組織では、価値こそが真のボス（命令者）である

チェックリスト ビーバーの行動
自己管理をしながら目標を達成する

①仕事の範囲を明確に定める

□目標と価値を設定して、仕事の範囲とルールを決める

□リーダーは、どの選手にどのポジションを任せるかを決めたらフィールドの外に出て、あとのボールコントロールは選手に任せればいい

□どの範囲で仕事をするのかを明確に理解させてから、自由に仕事をさせる

②人の考え方や感情、欲求、夢を尊重し、それに耳を傾け、それに基づいて行動する

□自己管理がきちんとできなければ、仲間の支援は得られない

□マネジメントの黄金律――個人を人として尊重すること

□情報がすべてである。情報は全員に開示するべきである。マネジャーは、これまで必死になって握っていた統制のハンドルを進んで手放さなければならない。高圧的にならずに上司でいるのは難しい

③達成可能だがチャレンジになるような仕事をする

□生産性に対する期待は部下の能力やスキルを超えてはならないが、それはけっして部下を侮辱することではない

□部下に自尊心を植えつける。社会に貢献させずに会社が食い物にされるよりも、そのほうが早い

□公平な仕事をして公平な賃金をもらえなければ、人間は品位を落とすだけである

□ガンホーを目指すには長い時間が必要である。仕事に全力で取り組むことで、部下は学び、未知の領域に向かってまい進することができる

チェックリスト ガンの贈り物
仲間に惜しみない声援を送る

①積極的、消極的にかかわらず、祝福は真実のものであること

□祝福とは、人を認め、人の行動を認め、みんなで共有する使命の実現に向けて、価値ある貢献をしていることを認めること

□積極的な祝福とは、素晴らしい仕事をした人に声をかけて褒めること。消極的な祝福とは、部下が複雑だが重要なプロジェクトを推進しているときに、あえて自分で管理しない、アドバイスを与えないなど、部下を信頼して任せること

□真実の祝福（タイムリーで気が利いており、無条件かつ情熱的なもの）なら、祝福しすぎることは絶対にない

②スコアがなければ試合じゃない。進展に対しては声援を送る

□アメリカンフットボールの試合では、チームが得点するまで観客がおとなしく座って観戦していることはまずない。タッチダウンで大きな声援を送るのはもちろん、途中でも声援を送り続ける。仕事の成果だけでなく、そのプロセスに何らかの進展があれば、それに声援を送ること。結果《スコア》をみんなが共有しているからこそ、ワクワクするのである

□祝福は、左の言葉から右の言葉へと続く直線上のどこで行ってもかまわないが、右へ向かうほどよい（効果的）

計画的 ――――――→ 自発的
包括的 ――――――→ 個別的
一般的 ――――――→ 具体的
慣習的 ――――――→ 独自的

□あら探しや犯人捜し（警察官の行動）ばかりせずに、正しい行動をしている人を見つけること（コーチの行動）

③ $E=mc^2$――情熱＝使命×（［現金］＋［祝福］）

□やりがいがある仕事をすること、自己管理をしながら目標を達成すること――それが使命である

□互いに声援を送り合って、仕事に情熱を注ぐ

□まずは現金が先――最初に物質的な欲求（食べ物、着る物など）を満たすこと。祝福して心の欲求を満たすのはそのあとでいい

謝辞

ケンとシェルダンは、皆さんに心から感謝の意を表したいと思う。二人は皆さんの熱狂的ファンでもある（以下、敬称略）。

ディーン・ウィッター・レイノルズ・インクのジェイク・ベアド、ウィリー・セイザー、ジョン・ピーターソン。この〝ウェイサタの三賢人〟は、まさにガンホーライフの本質ともいうべき心意気、寛大な心、気前の良さ、そして面倒見の良さを持ち合わせている。本書がおおざっぱな草稿から立派な書籍に仕上がったのも、皆さんの支援、友情、そして見識のおかげである。

サンドラ・フォード・エージェンシーのサンドラ・フォード。サンドラの情熱、頑張り、そして的確なアドバイスにはいつも感謝している。

カーライル・コンピュータ・プロダクツのデレク・ヨハンソン。あなたの鋭いコメントのおかげで素晴らしい本ができた。また、私生活でも仕事でもガンホーを目指すあなた自身の取り組みは、みんなの手本になっている。

ロイヤル・カナディアン・セキュリティーズ・リミテッドのダグラス・D・エベレット上院議員。もう三〇年以上も前から、さまざまな場面でシェルダンの上司、パートナー、そして良き先輩でいてくれている。常に友人であり、貴重なアドバイスをくれる人でもある。

エイビス・レンタカーの仲間たちも素晴らしいアドバイスをくれた。〝地球の正反対側〟出身のジョン・デラノとリューク・メドレー、そして北米チームのビル・ボックスバーガー、トム・バーンズ、ロバート・カーディロ、マイク・キャロン、マイケル・コリンズ、ロス・オドネル、ジョン・フォーサイス、シルビア・フライド、ジョン・ギャラガー、エディー・ハッセル、ラス・ジェームズ、ダンカン・ローズ、ボブ・サレルノ、エリック・シュニッツラー、ジョン・セラーズ、パット・シニスカルチ。

スコシア・バンクのパム・ラ・パルム。気が遠くなるほど忙しい合間を縫って、私たちのために惜しみなく時間を割いてくれた。その核心をついたコメントのおかげで、私たちは考え直し、書き直し、良い文章に仕上げることができた。

モロウ社のラリー・ヒューズ。今回も辛抱強く、考えをまとめられるようなアドバイスをくれた。私たちが行きづまったり、疑問を抱いたりしたときには、「ラリーに聞いてみよう」が合言葉。毎回、それでうまくいった！

ザック・シスガルとウィル・シュワルブ。モロウ社の編集者であるお二人のサポートにはとくに感謝しなければならない。お二人のおかげで、執筆作業はとても楽しいものになった。

マルグレット・マクブライド・エージェンシーのマルグレット・マクブライド、ウィニフレッド・ゴールデン、キム・サウアー、ミンディ・リーゼンバーグ。私たちの原稿に赤を入れて、人前に出しても恥ずかしくない形に仕上げたうえで、出版社にそれを紹介するのが著作権エージェントの仕事。書籍の編集から表紙の装丁、外国における諸権利を出版契約にどのように反映させるかなどの説明までを（何度も何度も）、皆さんは少しずつ押し進めてくれ、必要なときには私たちを叱咤激励し、内容が読者に十分に伝わるようサポートしてくれた。要するに、私たちにとって、皆さんは有能なエージェントであり、かけがえのない友人でもある。

ボブ・ネルソン。『1分間顧客サービス――熱狂的ファンをつくる3つの秘訣』（ダイヤモンド社）を執筆中には主要なアドバイザーとしてサポートしてくれたが、今では『一〇〇一・ウェイズ・トゥ・リワード・エンプロイーズ（1001 Ways to Reward Employees）』の大成功によって、ビジネス書のベストセラー著者として有名である。現在は『一〇〇一・ウェイズ・トゥ・エナージャイズ・エンプロイーズ（1001 Ways to Energize Employees）』が同じように大成功への道をまい進中。そんなボブを、私たちはとても誇りに思っている！

とくに支えになってくれたイアン&サンディ・マクランドレス、デッド&キャロライン・ランズバイ、リチャード&ヒレイン・クロフト、ハーベイ&サンドラ・セクター、そしてソル・ケイニー。皆さんには心から感謝している。

バイリー・ランバー・グループは、ガンホーのチームと一緒になって、顧客に届ける〝熱狂的ファンを生むサービス〟の好例を示してくれた。とくにジェフ・メイヤー、ドン・メイヤー、ジョージ・トムソン、そしてとりわけチャンスを与えてくれたジム・マッコーリーにお礼を申し上げたい。

テネコ・オートモーティブのトム・エバンス、スティーブ・ストローム、バーバラ・ポズナー、ポール・ジョンソン。皆さん独自の視点から思慮に富んだコメントをいただいた。心から感謝している。

ヨーロッパでは、ヘルベルツ社（自動車塗料メーカー）のブランド、STANDOXの仕事をしている社員の皆さん。『1分間顧客サービス——熱狂的ファンをつくる3つの秘訣』を執筆中には積極的にサポートしてくださった。なかには本書に貴重なフィードバックをしてくださった方もいる。ドイツにいるユルゲン・リッツ博士、ロルフ・ヤンソン、ヘルベルト・ボルン、ベルナー・ランフト、そしてアメリカにいるビル・クレーゲル、マイク・キャッシュに感謝の意を表したい。

オーガナイゼーション・ケーパビリティ、Kマート・コーポレーションの副社長ジョン・ファルカーソンと、ストップ&ショップ・カンパニーのテクニカルサポート部副社長ジーナ・ベントルは本書のために熱心にサポートしてくださった。お二人のエネルギーとガンホー精神に、ケンからお礼を申し上げる。

ビルダーズ・スクエアのフランク・フェリチェラ、キーストーン・フォード・セールスのボブ・コズミンスキ、オンライン・ビジネス・システムズのスーザン・ゴルディー、カナディアン・タイヤのロジャー・エメリー、アルキャン・ロールド・プロダクツのジム・ディクソン、カーギル・リミテッドのケリー・

ホーキンズ、MTS・コムのドン・カール、フェニックス・リサイクリングのクリスチャン・バックマン、プレシジョン・メタルクラフトのデーブ・ワトソン、ドモ石油のスチュワート・マレイ、インベスターズ・グループのサンディ・リリー、ザ・ロバート・トンプソン・パートナーシップのヒュー・ゴルディー、そしてカナディアン・センター・フォー・マネジメント・ディベロップメントのプリンシパル、ジャネット・スミス。貴重な時間と才能とを惜しみなく注ぎ込んでくださったことに感謝したい。皆さんのアドバイスは、実用的で確かなビジネス経験がふんだんに生かされたものだった。きっと本書を読まれたら、いかに皆さんが素晴らしい貢献をしてくださったかが分かるはずだ。

私たちが一緒に仕事ができたのは、リチャード・アンダイソン、シェルダン・バーニー、トレバー・コクラン、カール・アイスブレンナー、レイ・カイブス、メル・ラザレック、サム・リンハート、ボブ・メイ、マイケル・ノジック、モーリーン・プレンディビル、ハートレー・リチャードソン、ロス・ロビンソン、ゲーリー・スタイマン、そしてジム・テナントのおかげである。

ケンとシェルダンのオフィスでは、エレノア・ターンドラップ、デイナ・カイル、ディー・ケリー、ドロシー・モリス、ビル・マックウィリアムズ、そしてリタ・レーベン率いる二つのチームがそれぞれサポートしてくださった。同時に、才能ある二人の男性、〝ミスター実現〟の名でも知られるハリー・ポール、そして賢明な助言をくださったピーター・サイコジオスにもとくに感謝したい。

さらに、アンヌ・コール、レベッカ・グッドハート、パトリシア・フォード、スーザン・スキナー、マキシム・ワーセスター、トム・アーネット、マリアン・ネビル、フランセス・ボウルズ、ジェイミー・ハッチソン、カール・M・ジェンキンズ・ジュニア、マーティン・ストラウス、ジャック＆ベルバ・ロンドン、ライル＆アンナ・シルバーマン、ジム＆ジュディ・フィールズ、ポール＆キャロル・ヒル、ジョン＆モーリーン・ブラッケン、エディー＆マーシャ・コワン、ジェフ・ゴールドマン、ゴードン・ウィーブ、ヘンリエッタ・ワイルド、ゲイリーン・チェスナット、アン・デルース、バート・ギニー、マット・カウフマン、ポール・ペトリック、フィル・パーセル、リチャード・デマルティーニ、ジェームズ・ヒギンズ、ミッチ・メリン、トム・シュナイダー、クリスティーン・エドワーズ、チャールズ・フィウムフレッド、ボブ・ドワイヤー、ボブ・スカンラン、ジョー・マッカリンデン、ジョン・バン・ヘーベレン、ジャック・ケンプ、ビル・マクマホン、ロバート・ツィマーマン、ダグ・ブラウン、ナンシー・ケネディ、キャシー・カマーフォード、クリスティーン・モス、デビッド・ラビン、キャシー・ウォレル、リチャード・ケリー、ジョック・トゥーリー、クラウデット・グリフィン、ドン・ニューマン、ジャック・トンプソン、ローリー・ブレムナー、マーク・マンシーニ、ドン・タイクソン、ダン・スティーブンス、マーク・キンゼル、イアン・ソー、リチャード・スネル、ジム・バブコック、ビル・ジョーンズ、ディック・ドーソン、デビッド・フリーセン、ミシェル・マクピーク、チャック・ペイトン、アーニー・ソースタインソン、ヒューバート・セイントンジュ、サム・カッツ、デビッド・ジョンストン、エド・コーノス、ヒューゴ・ソレンセン、ポール・レーベン、トニー・ガーティン・ジュニア、ダニー・フーパー、ビル・ファスト、グレン・シトニック、スティーブ・シュワルツ、ブルース・ハンソン、テッド・シバーズ、ロン・ハノン、ジョン・ウィルソン、そして才能あるライターのジョアン・ルーセンにも謝意を表したい。

ウェイン・ダイヤー、マックス・デプリー、ボブ・ガルビン、ポール・ハーシー、スペンサー・ジョンソン、ハーベイ・マッケイ、マイケル・オコナー、トウ・ピータース、トニー・ロビンズ、ベッツィー・サンダース、そしてカール・セベル。全員が素晴らしい書き手だが、その著書は、私たちだけでなく、多くの読者にインスピレーションを与えてくれた。

五〇歳を過ぎてとくにうれしいのは、子どもたちが自分たちの仕事にかかわってくれることだ。スコット＆デビー・ブランチャード、そしてキングスレー＆パティ・ボウルズを私たちの会社に迎え入れることができたのは本当に幸せなことである。彼らが楽しんで仕事をし、あらゆる面でガンホーになってくれることを願っている。

わが妻のマージョリー・ブランチャード、そしてシェルダンの妻ペニー・ボウルズにも感謝している。どんな成功を味わっても、今後どんな成功を味わおうとも、困難なときには二人の信頼できるサポートが、好調なときには常に向上させようとする二人のチャレンジが頼りである。二人とも私たちのビジネスの一部であり、『1分間顧客サービス——熱狂的ファンをつくる3つの秘訣』と本書ではとても大きな貢献をしてくれた。まさに縁の下の力持ちといえる。

最後になったが、ペギー・シンクレアに謹んで心からお礼を申し上げる。ガンホーへの道の物語を伝えることを許可してくださり、とてもありがたく思っている。また、アンディと彼のおじいさんの遺産を後世に伝えるという役割を担えたことも、大変光栄に思っている。ただ、アンディに会って話を聞くことができなかったという残念な気持ちは、この原稿（今では本書）を読んでくださった方々とまったく同じであろう。

多くの読者から――ペギーに会いたいと思っているようだが――、ペギーは本名なのか、アンディは果たして実在の人物なのか、という問い合わせをいただく。しかし、それは永遠の謎にしておきたいと思う。

イギリスの詩人ジョン・ダンいわく、「……誰がために鐘は鳴るのかと問うことなかれ、誰がためでもない、ほかならぬあなたのために鐘は鳴るのだ」。ペギーも言っているように、鐘のたたき手が分かったとしても、しょせんは意味がないことだ。私たちも、誰がために鐘は鳴るのかという問いに対しては、「それは読者のために鳴る」とだけお答えしておこう。

読者にとって重要なのはガンホーだ。ペギーやアンディが何者なのかということではない。ましてやガンホーに関心がない人にとっては、そもそもペギーやアンディが何者なのかはどうでもいいことではないか。

そうだろう、皆さん？

それでは、ガンホー！

本書は『1分間モチベーション――やる気と業績を伸ばす3つの秘訣』（一九九九年二月、ダイヤモンド社）を新訳改訂したものです。

著者紹介

ン・ブランチャード

マネジメントの分野では、著述家としての影響力が極めて広範囲に及んでいる。スペンサー・ジョンソンとの共著によって空前のベストセラーとなったビジネス書『1分間マネジャー』（ダイヤモンド社）は、すでに世界中で900万部以上を売り上げており、25以上の言語に翻訳されている。1996年だけでも、『1分間マネジャー』のほかに、1993年に実業家シェルダン・ボウルズとともに執筆した『1分間顧客サービス――熱狂的ファンをつくる3つの秘訣』（ダイヤモンド社）、1995年に全米プロフットボールリーグの名監督として名高いドン・シューラとともに著した『スーパー・リーダー』（TBSブリタニカ）、そして、やはり1995年に経営コンサルタントのジョン・カルロスとアラン・ランドルフとともに出版した『1分間エンパワーメント――人と組織が生まれ変わる3つの秘訣』（ダイヤモンド社）の3作品がビジネス・ウィーク誌のベストセラーリストに載った。この権威あるベストセラーリストにたった1年間で4作品も載ったという著者は、ケンを置いてほかにいない。

現在は経営コンサルティングと研修で包括的な業務を請け負うブランチャード・トレーニング・アンド・ディベロップメント社（1979年に妻のマージョリーと共同で設立した会社）の会長を務めている。ブランチャード夫妻は、娘のデビーと息子のスコットも自分たちの仕事に積極的にかかわってくれるようになったことを誇りに思っている。母校のコーネル大学の名誉理事であり、客員教師でもある。カリフォルニア州サンディエゴに在住。

■著者紹介

シェルダン・ボウルズ

ニューヨーク・タイムズ紙やビジネス・ウィーク誌のベストセラーリストにも顔を出す著者で、講演家としても有名。実業家としても成功している。新聞記者としてキャリアをスタートさせた後、ロイヤル・カナディアン・セキュリティーズの副社長に、続いてドモ石油の社長兼CEO（最高経営責任者）に就任。パートナーのダグラス・エベレット上院議員とともに、同社をカナダ最大のガソリンスタンドチェーン店に育て上げた。競合他社がセルフサービス式のガソリンスタンドに移行するなか、ドモ石油はガンホーの従業員たちとともに「お待たせしない（Jump to the Pump®）」サービスを売りに、大成功を収めた。

ドモ石油を退社してからは、３人のパートナーとともに小さな製造工場を百万ドル企業へと変身させた。現在は、何が奏功するか、しないかなど、苦労して獲得した知識を世界中の講演会で、そしてケン・ブランチャードとの共著『１分間顧客サービス――熱狂的ファンをつくる３つの秘訣』（ダイヤモンド社）と本書のなかで惜しみなく披露している。

また、彼は「顧客サービスの伝説的人物」（ハーベイ・マッケイ）、「社員のやる気を引き出す達人」（ボブ・ネルソン）、「刺激的で面白く、お持ち帰りの価値が大いにある講演家」（ケン・ブランチャード）などとも呼ばれている。講演を聞いた聴衆は、示唆に富み、感動的で、かつ愉快な講演だと絶賛する。仕事仲間は、みんなが得をする考え方、行動、そして成功に向けて情熱を燃やす人物だと評し、友人たちは、どんな状況からもユーモアや人生の教訓を引き出す能力があると述べている。

妻のペニー、そして息子のキングスレーと娘のパティとともに、カナダのウィニペグに在住。

■各種プログラムのご案内

ケン・ブランチャード・カンパニーズ®はリーダーシップや組織力の強化を多方面からサポート。本書で紹介したアイデアやメソッドのほかにも、職場の生産性や従業員の士気を上げ、顧客の信頼を獲得するためのノウハウをケン・ブランチャード率いる講師陣、ブランチャード・インターナショナル、世界各地で活躍するコンサルタント、トレーナー、コーチが指導しています。
弊社独自のノウハウについて、また、ブランチャード・インターナショナルが提供するサービス、プログラム、製品について詳しく知りたい方は下記までお問い合わせください。

ブランチャード・インターナショナル（ジャパン）
Eメール　info@blanchardinternational.jp
電話　03-5771-7073
ウェブサイト　www.blanchardinternational.jp

ケン・ブランチャード・カンパニーズ（アジア太平洋地域）
Eメール　singapore@kenblanchard.com
電話　（シンガポール国外から）＋65-6775-1030
ウェブサイト　www.kenblanchard.com/contact/?vlc=200

ケン・ブランチャード・カンパニーズ（本社）
Eメール　international@kenblanchard.com
電話　（アメリカ国外から）＋1-760-489-5005
ウェブサイト　www.kenblanchard.com
住所　125 State Place, Escondido, California USA 92029

GUNG HO
by Ken Blanchard, Sheldon Bowles and first published in 1998 by Pearson Education, Inc., 221 River Street, Hoboken, New Jersey U.S.A.

Japanese language print translation published by Pan Rolling, Inc.
This Japanese Translation is published by arrangement with Pearson Education, Inc.
Permission for this edition was arranged by Japan UNI Agency, Tokyo Japan.

■ソーシャルネットワークのご案内

●ユーチューブ
http://www.youtube.com/KenBlanchardCos
ケン・ブランチャード・カンパニーズが誇るオピニオンリーダーたちの講演を配信中。チャンネル登録すると、更新情報がいち早くキャッチできる。

●フェイスブック
http://www.facebook.com/KenBlanchardFanPage
ケン・ブランチャードとブランチャード作品のファンに向けて、フェイスブックにファンクラブを開設。動画、画像、特別イベントの案内も随時お知らせ。

●ブログ
http://www.howwelead.org
リーダーシップをテーマにしたケン・ブランチャードの公式ブログ“How We Lead”には人生を前向きに変えるためのヒントが満載。だれでも自由にアクセスできて、リーダーシップに関心を持つ世界中の人たちと交流できる。ブランチャードへのメッセージも受付中。

●ツイッター
@kenblanchard
ブランチャード本人がメッセージを発信。イベントへの出演予定や、リアルタイムのつぶやきをチェックしよう。

■訳者紹介

塩野未佳（しおの みか）
成城大学文芸学部ヨーロッパ文化学科卒業（フランス史専攻）。編集プロダクション、大手翻訳会社勤務の後、クレジットカード会社、証券会社などでの社内翻訳業務を経て、現在は英語・フランス語の翻訳業務に従事。経済・ビジネスを中心に幅広い分野を手掛けている。訳書に『狂気とバブル』『新賢明なる投資家　上・下』『株式インサイダー投資法』『アラビアのバフェット』『大逆張り時代の到来』『黒の株券』『悩めるトレーダーのためのメンタルコーチ術』（パンローリング）など。

2013年 5 月 3 日 初版第 1 刷発行
2015年10月 1 日 第 2 刷発行
2016年 9 月 1 日 第 3 刷発行
2019年 9 月 1 日 第 4 刷発行

フェニックスシリーズ ⑩

1分《ぶん》間《かん》モチベーション
――「仕事に行きたい！」会社にする３つのコツ

著　者　ケン・ブランチャード、シェルダン・ボウルズ
訳　者　塩野未佳
発行者　後藤康徳
発行所　パンローリング株式会社
〒 160-0023　東京都新宿区西新宿 7-9-18-6F
TEL 03-5386-7391　FAX 03-5386-7393
http://www.panrolling.com/
E-mail　info@panrolling.com
装　丁　パンローリング装丁室
印刷・製本　株式会社シナノ

ISBN978-4-7759-4112-6